历史的丰碑丛书

文学艺术家卷

中国第一位伟大诗人
屈　原

李秀云　编著

吉林人民出版社

图书在版编目（CIP）数据

中国第一位伟大诗人——屈原 / 李秀云编著 . -- 长
春：吉林人民出版社，2011.4（2021.8 重印）
（历史的丰碑丛书）
ISBN 978-7-206-07655-8

Ⅰ.①中… Ⅱ.①李… Ⅲ.①屈原（约前 340 ～约前
278）—生平事迹—青年读物②屈原（约前 340 ～约前 278）
—生平事迹—少年读物 Ⅳ.① K825.6-49

中国版本图书馆 CIP 数据核字（2011）第 037167 号

中国第一位伟大诗人　屈原
ZHONGGUO DIYIWEI WEIDA SHIREN　QUYUAN

编　　著：李秀云
责任编辑：葛　琳　　　　　封面设计：孙浩瀚
制　　作：吉林人民出版社图文设计印务中心
吉林人民出版社出版 发行（长春市人民大街7548号　邮政编码：130022）
印　　刷：北京一鑫印务有限责任公司
开　　本：787mm×1092mm　　1/16
印　　张：8　　　　　　　　字　数：72千字
标准书号：ISBN 978-7-206-07655-8
版　　次：2011年4月第1版　　印　次：2021年8月第2次印刷
定　　价：35.00 元

如发现印装质量问题，影响阅读，请与出版社联系调换。

编者的话

"欲知大道，必先为史"。

回溯人类的足迹，人们首先看到的总是那些在其各自背景和时点上标志着社会高度和进步里程的伟大人物。他们是历史的丰碑，是后世之鉴。

黑格尔说："无疑，一个时代的杰出个人是特性，一般说来，就反映了这个时代的总的精神。"普希金说："跟随伟大人物的思想是一门引人入胜的科学。"

以史为鉴，面向未来。作为21世纪的继往开来者，我们觉得，在知史基础上具有宽广的知识结构、开阔的胸襟和敏锐的洞察力应是首要的素质要求，而在历史的大背景中追寻丰碑人物的思想、风范和足迹，应是知史的捷径。

考虑到现代人时间的宝贵，我们期盼以尽量精短的篇幅容纳尽量丰富的信息，展现尽量宏大的历史画卷和历史规律。为此，我们编撰了这套丛书。

编撰丛书的过程，也是纵览历代风云、伴随伟人心路、吸收历史营养的过程。沉心于书页，我们随处感受着各历史时期伟大人物所体现的推动历史进步的人类征服力量。我们随着伟人命运及事业的坎坷与辉煌而悲喜，为他们思想的深邃精湛、行为的大气脱俗而会意感慨、拍案叫绝。

然而，在思想开始远游和精神获得享受的同时，我们也随之感受到历史脚步的沉重和历史过程的曲折。社会每前进一步都是艰难的，都伴随着巨大的痛苦和付出。历史的伟大在于它最终走向进步，最终在血污中诞生了鲜活的"婴孩"。

历史有继承性和局限性，不能凭空创造。伟人也有血肉，他们的思想、行为因此注定了同样具有历史的局限性和阶级的、时代的烙印；他们的功业建立于千千万万广大人民群众伟大创造的基础上。历史是人民群众创造的，伟大的人物们是历史和时代造就的。同时，我们也无法否定此间他们个人的努力。这也正是我们编撰这套丛书的目的。

我们期盼着这套丛书得到社会的认同，对读者，特别是青少年读者之历史感、成就感和使命感的培养有所裨益。史海浩瀚，群星璀璨。我们以对广大青少年读者负责的精神，精心遴选，以助力青少年成长进步，集结出版了《历史的丰碑》系列丛书，敬请读者批评、指正。

历史的丰碑丛书

编 委 会

策　划：　胡维革　吴铁光
　　　　　林　巍　冯子龙

主　编：　胡维革　邢万生

副主编：　贾淑文　谷艳秋

编　委：（按姓氏笔画为序）
　　　　　于二辉　刘士琳
　　　　　刘文辉　孙建军
　　　　　李艳萍　吴兰萍
　　　　　杨九屹　隋　军

在中国古代的战国时期，有一位伟大的诗人，像一颗巨星一样出现在中国当时的文坛和政治舞台上。这就是屈原。他是中国文学史上第一位伟大诗人，他崇高的人格精神感召千古。1953年，又被列为世界文化名人，为世界人民所纪念。他的诗歌以其卓越的艺术创造在泱泱诗歌大国耸立起了一座巍峨的丰碑。在战国、两汉以后，不仅有许多人在文学上追随屈原，承袭了楚骚的余绪，而且屈原的名字成了热爱祖国、坚持正义的一面旗帜，成为一种楷模。可以说，屈原伟大而高洁的人格及其辉煌的艺术成就，在某种程度上，对于中华民族精神的形成产生了深远的影响。

目　录

激烈争霸的时代

自古乱世出英才。

——民谚

→秭归屈原像

屈原是中国文学史上第一位伟大的文学家，他的作品及其人生经历都和他所处的那个时代密切相连。

从周威烈王时起，到秦始皇灭六国为止，前后将近200年，史称战国时代。这是封建社会从奴隶社会的母体中诞生的时代。这一时期，大国争霸和兼并战争异常激烈。由殷周以来的几百个诸侯归并为春秋时期的12个诸侯，强

国吞食弱国，到战
国初期只剩下七个
大国，即齐、楚、
燕、韩、赵、魏、
秦，七国之间争霸
更加剧烈。而屈原
所处的是战国中后
期，正值兼并斗争
最为激烈的时期。

←屈原故里秭归县风景图

斗争阵势，基
本上以秦国为一
方，以其余六国为
另一方。由于六国在地理位置上都处于秦国的东边，
故而也称"山东六国"。在这七个强国中，就当时形势
看，山东六国或多或少都不同程度地受到秦的威胁，
而秦国欲扩展势力，侵食山东各国的野心也日趋明朗
化。故而西方的秦国与山东六国的对峙局面已经形成。
斗争阵势如此，而斗争中采取的策略则表现在"合
纵""连横"的运用上。六国联合共同抗秦的策略，叫
作"合纵"；秦国拆散"合纵"联约，让六国分别依附
于它的策略，叫作"连横"。

七个国家的统治者，都曾实行过不同内容和不同

→商鞅像

程度的社会变革，但它们的发展是不平衡的，在对内对外的政策和兼并战争中的顺逆成败上也各不相同。韩、赵、魏虽曾强大一时，但后来由于秦国在军事方面的打击和它们变法运动的不彻底，终于由盛变衰。燕国本是一个较小的国家，又僻处东北，无大作为。有力量和秦对抗的国家，主要是北方的齐国和南方的楚国。

秦国的经济、政治和文化本来是比较落后的，但自秦孝公始任用商鞅变法图强，10年后，国富兵强，从而奠定了后来秦灭六国的物质基础。商鞅变法的内容是：严明法纪，加强国君的统治地位。废除旧的世卿世禄制度，奖励军功，废除旧的奴隶主土地所有制，承认土地私有和买卖权利，实行重农抑商，调动了个

体农民生产积极性，发展农业生产，建立君主专制的政治制度，设县制，编乡、里、什伍组织，实行连坐法，颁行统一的度量衡，变法获得成功。商鞅两次变法，破坏了领主的宗族制度，也限制了地主的家族制度，使秦国成为当时富强无比的国家。消灭政治落后的山东六国，推行秦制，建立封建大帝国的基础从此萌芽了。秦孝公死后，太子秦惠王即位，杀了商鞅一家，但商鞅新法，除了秦庄襄王用大商人吕不韦为相，停止对商贾和游士的排斥，其余大都相沿不变。秦国疆域，北有上郡（陕西北部），南有巴蜀，东有黄河与函谷关。地势险固，宜于守御又宜于出击，被称为天府雄国。

北方的齐国，威王时，任邹忌为相，集权中央，厉行法治，监督官吏，赏罚严明，大力发展生产，擅渔盐之利，经济繁荣，国力强大，并且任用军事家孙膑，整军习武，加强军事实力。同时，齐威王及齐宣王又在国都的稷门外设立一所规模不小的学堂，称为"稷下之学"，广揽各地学者名流，讲学著书，培养学生。但由于齐、燕之间旷日持久的交战，使齐国实力大大削弱。

南方的楚国是屈原的祖国，七国中楚国土地最大，秦次之；人口楚国最多，经济、文化也比较发达，所

→楚国漆器

以有人称："横则秦帝，纵则楚王。"（刘向《战国策叙
录》）战国初期，楚悼王任用由魏入楚的吴起为相，
实行社会改革。吴起变法的内容是：凡封君子孙已传
三代以上的，收回爵禄，削减官俸，节约开支，用以
抚养将士；疏远的公族，一律削除公族籍，多余的官
职和无能之官一概裁免；强令旧贵族迁移到人口稀少
的地区，变相地收回其原有的土地，禁止奴隶主贵族
互相勾结，干预国家政令。施行的结果，使楚国的力
量迅速加强。但一年多后，悼王死，楚国的反动贵族

谋害了吴起。楚国的社会改革也就被阻断。楚怀王时，楚国虽然仍很强大，但实际上在政治、经济、军事各方面已经落后于由新兴地主占统治地位的秦国。怀王初期，也曾有过图强的要求，他任用屈原，修明法度，联齐抗秦，一度成为六国的纵约之长，领导山东六国的军队攻打过秦国。但怀王是一个浮夸急躁，反复无常的君主。"合纵"战线很快瓦解，秦国又派张仪从中破坏齐、楚两个大国的联盟关系，而楚国在外交上又采取了两面的外交政策，后来又索性背齐联秦，正式与秦结为姻亲，终于导致秦国两次发兵攻打楚国，这时楚国外交上陷于孤立无援、束手无策的境地。公元前299年，怀王被诱入秦，秦人要挟不成，加以扣留，致使怀王客死于秦。怀王之子顷襄王继位，顷襄王是

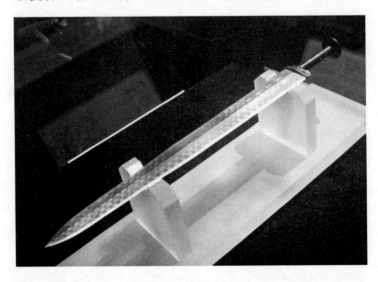

← 楚国宝剑

 ←战国时期楚国钱币

一个懦弱无能的人，不知报父仇，雪国耻，委曲求全，碌碌无为，终于招致了公元前278年郢都的沦陷和大片国土的丧失，从此楚国一蹶不振，最后于公元前223年为秦所灭。

总的来说，秦的成功和楚的失败，关键在于变法和外交问题上。秦国变法的彻底是取得胜利的基本条件，而楚国本有与秦一样统一天下的实力和条件，但因变法不成功，外交上又不能坚持联合齐国共同抗秦的政策，而一味地妥协投降，希图苟安，加之楚国旧贵族集团的反动腐杇，国王的不能明察，而导致最终的灭亡。

屈原即生活在楚怀王、楚顷襄王时期，也就是楚国由强盛到衰亡的时期，这正是一个矛盾斗争复杂尖锐的时代，在这个时代中，屈原是一个重要的政治家，他的作品也充分反映了这个历史大转变过程。

相关链接

XIANGGUAN LIANJIE

战国时期

春秋之后，也就是周朝的后半期，进入了七国争雄的时代，在后来西汉末年刘向编著的《战国策》中记载这一时期，所以人们称之为战国。

《史记·六国年表》记载，战国始于公元前475年，或者从韩赵魏三家分晋开始算起（公元前403），至公元前221年（秦始皇帝二十六年），秦并六国。战国时期，齐、楚、燕、韩、赵、魏、秦这七个诸侯强国，即战国七雄。

随着水利的兴修，铁器的使用和牛耕的推广，春秋中后期，各诸侯国的经济得到发展，政治形势也产生了相应的变化。诸侯国内部卿大夫的势力逐渐发展起来，著名的如鲁国的三桓，齐国的田氏，晋国的六卿。他们利用自己的经济实力，控制和瓜分公室，并互相争斗，以扩充领地。晋国的六卿争斗到最后，剩下韩、魏、赵三家。周威烈王二十三年（公元前403），周王正式承认三家为诸侯。周安王十一年（公元前391），田和废除了齐康公，自立为国君，也得到周王的承认。三晋和田氏的胜利，宣布了强者生存、弱者淘汰的残酷政治法则。于是，以魏国的李悝改革为起点，各国争相进行以富国强兵为目标的变法运动。变法的核心是将劳动者固定到土地上，以增加国家的赋税收入。社会文明程度的加深，使统治者对物质享受的贪欲急遽膨胀。增加剥削量的最直接的办法，是掠夺更多的土地，而掠夺土地的最便捷的途径是战争。所以，这个时期战争频繁。据统计，从周元王元年（公元前476）至秦王政二十六年（公元前221）的255年中，有大小战争230多次。战争打起来，双方动辄出动几万至几十万人。西汉末年的刘向，将有关这段历史的各种资料编成一本书，取名《战国策》，从此，这一历史阶段称为战国时期。

特的生日和显赫的家世

> 天空的美丽是太阳、月亮和星星；群
> 山的美丽是野果和森林；一个国家的美丽
> 是它的人民；而一个人的美丽是脱俗、自
> 信。
>
> ——谚语

屈原大约于公元前340年生于楚国一个贵族家庭里。名平，字原，汉代以后，人们习惯于用他的字相称，他的本名反而暧而不彰了。屈原有个罕见的奇特生日，他的名和字也有一段来历。

← 秭归屈原故里

屈原在其代表作《离骚》中开篇写道：

帝高阳之苗裔兮，朕皇考曰伯庸。

摄提贞于孟陬兮，唯庚寅吾以降。

皇览揆余初度兮，肇锡余以嘉名。

名余曰正则兮，字余曰灵均。

→屈原雕像

诗意是：

我是古帝高阳的子孙，伯庸是我已故的父亲。／正当寅年的寅月，庚寅那天我出生。／研究了这个吉祥的生日，先父赐给我相应的美名。／给我起的名叫正则，给我取的字叫灵均。

"高阳"，古地名。传说楚人的始祖颛顼做过高阳部落的首领，于是以高阳为号。"摄提"即指"摄提格"，12地支中"寅"的别称，用以纪年。《尔雅·释天》："太岁在寅，曰摄提格。""太岁"是古代天文学中假设的星名，与岁星相应。如逢甲子年，甲子即是"太岁"；乙丑年，乙丑即是"太岁"，以此类推，至癸亥年止。故"太岁"每12年一循环，地支有方位，"太岁"因而也有方位，迷

← 颛顼像

→ 楚国古墓中的战车残骸

信者因此生出许多说法。

　　"孟陬"，指孟春正月；夏历正月建寅，"孟陬"

因此代表寅月；"庚寅"指正月里的一个寅日。这样，

屈原即生于寅年、寅月、寅日，这是一个非同寻常的日子。据姜亮夫先生考证，在楚人的世俗迷信中，寅日是个很吉祥的日子，这天出生的男人寿运好。屈原不仅在庚寅日出生，而且巧逢寅年、寅月，三寅之日，是一个十分罕见的天文日历，屈原此时诞生，更意味着此人不同寻常，将有了不起的作为。（参见《楚辞今译讲录》）。这就给屈原的诞生罩上了一层神圣的光环。生日应三寅之吉，屈原自己也觉得天独厚，与众不同，超凡脱俗。

他的父亲仔细研究了这个不寻常的生日，给他起了相应的美名正则，字灵均。"正则"是"平"字的引申义（"平"本为"秤"之本字，古以水为平正，故平与正经常连文，而"则"有法度之义，与"秤"为衡量之法同义）。"灵均"的"均"，为古"畇"字的别构，实即"原"字。平正就是天的象征，原就是地的象征。这样，屈原的名字和生辰就包含了天地人三者统一的意义，而屈原自己也深信自己先天的道德品格和自己的名字一样具有承天之则、载地之德的意义。

楚国的远祖和屈原的远祖同源，屈原和楚王又是同姓。楚国创业始封的君主是熊绎，其后代皆从熊姓。屈家始祖屈瑕，是楚武王熊达的儿子，受封于屈地，后来便把这一地名作为这一支脉的姓氏。严格地说，熊和屈都是氏而不是姓，他们共同的姓是芈姓（读米，羊叫的声音）。

楚的世系从高阳开始到陆终，陆终有6个儿子，最小的儿子叫季连，芈姓，楚国就是他的后裔。春秋时代，屈氏人物在楚国非常显赫，自屈瑕以下，在春秋时代，屈氏人物可考的有屈重、屈完、屈建、屈丐等在楚国多任要职。在楚国王族中，屈氏受封最早，族人最盛，绵世最久。除屈姓外，还有景、昭两姓，在楚国当时为王族三大姓。屈原在楚怀王时做过三闾大夫。据说，三闾之职就是掌管王族三姓的事。可见，屈原作为楚王族屈、景、昭三大姓氏成员之一，在血缘关系上是高阳氏族血缘的自然延续和直系继承者，这是先天的不可外求的素质。因而，具有这种血缘关系在楚国社会中无疑是高贵和优越的。

→ 屈原祠

相关链接
XIANGGUAN LIANJIE

屈原始祖

颛顼（前2514—前2437）中国历史中的一位传说人物，为五帝之一。相传颛顼是黄帝的孙子，是九黎族的首领。父亲是昌意，昌意相传是黄帝与嫘祖的次子，封于若水，娶蜀山氏之女昌仆为妻，生颛顼。颛顼性格深沉而有谋略。15岁时就辅佐少昊，治理九黎地区，封于高阳（今河南杞县东），故又称其为高阳氏。黄帝死后，因颛顼有圣德，立为帝，时年20岁。传说在黄帝晚年，九黎信奉巫教，崇尚鬼神而废弃人事，一切都靠占卜来决定，百姓家家都有人当巫史搞占卜，人们不再诚敬地祭祀上天，也不安心于农业生产。颛顼为解决这问题，决定改革宗教，亲自净心诚敬地祭祀天地祖宗，为万民做出榜样。又任命南正重负责祭天，以和洽神灵。任命北正黎负责民政，以抚慰万民，劝导百姓遵循自然的规律从事农业生产，鼓励人们开垦田地。禁断民间以占卜通人神的活动，使社会恢复正常秩序。

颛顼生子穷蝉，是舜的高祖。据说颛顼在位78年，活到98岁逝世，葬于濮阳。而春秋战国时的楚王为其后裔，屈原在《离骚》中自称为帝颛顼之后，屈原与楚王为同族。颛顼、帝喾是上古时期"三皇五帝"中的第二位和第三位帝王，前承炎黄，后启尧舜，奠定华夏基根，是华夏民族的共同人文始祖。国学大师范文澜先生在《中国通史简编》中写道："汉以前人相信黄帝、颛顼、帝喾三人为华族祖先，当是事实。"

传说中的颛顼遗都

一个失败的政治家

不肯遗弃真理的人，将与上帝同在。
——苏格拉底

屈原在青少年时受过正规的教育，知识渊博，通晓古今治乱兴衰的道理，熟悉各国情况，又善于辞令，青年时期就受到楚怀王的信任，任左徒之官（仅次于令尹），对内图议国事，发布命令，对外接待宾客，应对诸侯，同时还草拟宪令，具体掌握国家的方针政策，肩负着国家重大的责任。

屈原任左徒期间最为突出的事件是内政方面起草宪令，上官大夫夺稿；外交方面联齐抗秦，贯彻"合纵"政策。屈原既与楚王同姓，又有才干，所以深得怀王信任。屈原又是主张变法的，变法的第一步，就是限制旧贵族的特权，这是对旧贵族很不利的，而宪令当然要把一些损害旧贵族利益的最具体办法明文纸上的，屈原又是起草宪令者。上官大夫是属于旧贵族集团的人物，平时即与屈原处于对抗地位，当怀王信

→荆州护城河畔屈原像

任屈原，而他又有周旋余地时，他只有"心害其能"。但变法的计划要明文规定写入法令时，上官大夫明知这是国家机密，屈原必不肯泄露，他也深知怀王是必不允许机密外泄的。因此，他夺稿不成，便向怀王进谗言，诬陷屈原，以达到保全自己利益的狭隘目的。在谗谮屈原时，他首先就针对怀王忌惮机密外泄的心理说："屈原为令，众莫不知"，以此引起怀王的恼怒。然后，又进一步针对怀王虚荣、好胜的性格说：屈原自矜功伐，目无君长。以此来彻底摧毁怀王的自尊。这样一来，怀王便怒不可遏了，于是"怒而疏屈平"，并免去了他的左徒之官，降为三闾大夫。屈原在自己的作品中满怀伤感地写道：

> 惜往日之曾信兮，受命诏以昭时。
>
> 奉先功以照下兮，明法度之嫌疑。
>
> 国富强而法立兮，属贞臣而日娭。
>
> 秘密事之载心兮，虽过失而弗治。
>
> 心纯厖而不泄兮，遭谗人而嫉之。
>
> 君含怒以待臣兮，不清澄其然否。
>
> ——《惜往日》

诗意是：

　　无限痛惜地追忆往事，我曾被君王信任，禀受诏令立法治国，使当世政治清明。／继承先王的功业，德辉映照下民，使国家法度明确，不要含糊不清。／为国家富强而建立法度，君王把国事托付给了忠臣，自己却每日游乐从容。／我把国家机密放在心上，办事虽有一些过错，君王也并不追究。／我的心纯正厚实，从不泄露机密，却遭到谗人的嫉妒。／君王带着怒火对待我，也不弄清楚情况究竟是不是像谗人说的那样。

　　屈原和旧贵族在内政上的斗争终于失败了，反动势力继续统治着楚国，所以这一失败可以说关系着整个楚国的命运。

　　屈原和旧贵族的斗争，也很尖锐地表现在外交上。在外交上，屈原主张联齐抗秦，刘向的《新序·节士》篇记载："秦欲吞并诸侯，并兼天下。屈原为楚东使于齐，以结强党。"怀王既然派他出使齐国，说明屈原平素对战国的形势有明确清醒的认识，说明屈原对联齐抗秦主张的坚定。如果真正实行了屈原的联齐抗秦的"合纵"政策，那么楚国在当时各国中的地位必将提高，实力必将增强，而秦国欲吞山东六国而称霸的计

← 刘向《新序》书影

划便因受到有力的阻碍而难以实现。秦国自然十分清楚这一点，于是便千方百计阻止、破坏齐楚联盟。

楚怀王十六年，秦国派张仪出使楚国，行阴谋破坏活动。据刘向《新序·节士》记载：张仪到楚国后，用重金贿赂靳尚、令尹、子兰、司马子椒及郑袖，使他们共谮屈原，从楚国内部瓦解齐楚的"纵亲"关系。张仪告诉怀王说："秦国最憎恨的是齐国，而楚国现在却和齐国联盟。如果你能够和齐国断绝外交关系，秦王愿把商於（今河南淅川县西）600里的地方奉送给你（见《史记·屈原贾生列传》《楚世家》）。当时楚国的内奸们都极力赞成，于是楚国与齐国正式绝交，张仪的阴谋得逞了，楚国的内奸们都向怀王表示祝贺，胡

言这是楚国外交上的一大胜利。屈原一贯主张齐楚联盟，所以，和齐国断绝外交关系，屈原肯定反对，但因这时自己已被怀王疏远，降为三闾大夫，这一闲官没有参政权力。但屈原生性执着，又极热爱祖国，所以这样大的政治事件，屈原不会闭口不言，就当时的情况，后果可想而知。然而，当后来怀王发觉受骗时，急于与齐复交，又派屈原出使齐国。除屈原外，当时还有一个叫陈轸的人，此人颇具政治眼光。据《史记·楚世家》记载：陈轸曾对怀王说：秦之所以重王者，以王之有齐也。今地未可得而齐交先绝，是孤楚也。夫秦又何重孤国哉？必轻楚矣。且先出地而后绝齐，则秦计不为；先绝齐而后责地，则必见欺于张仪。见欺于张仪，则王必怨之；怨之，是西起秦患，北绝

→清公烈祠

齐交。西起秦患，北绝齐交，则两国之兵必至。臣故吊。陈轸的分析无疑是正确的，但怀王此时利令智昏，置陈轸意见于不顾。等到楚国派使节前往秦国接受张仪代表秦国许给楚国的土地时，张仪却称病不出，长达3月之久，怀王竟以为张仪嫌自己"绝齐尚薄"，就派勇士宋遗前去侮辱齐王。齐王大怒，决定断绝与楚国的联盟而与秦国"亲合"。齐、秦亲合之后，张仪才出来，对前去受地的将军说："您为何不去接受土地？从某处至某处，广袤6里。"原说600里，此时忽然变成6里，怀王深知受骗上当，大怒，一怒之下发兵攻打秦国，秦国也派兵迎击。公元前312年春，秦、楚大占战于丹阳（今陕西南郑区东），楚军大败，秦军占领了楚国汉中，侵占土地600里。怀王怒上加怒，再次派兵攻秦，秦、楚交战剧烈时，魏国借机乘虚而入。楚国又断绝了和齐国的联盟，而陷于前后交困孤立无援的境地，从而再次损兵折将。此时，怀王终于醒悟，意识到绝齐联盟的错误，急于与齐和好，这时怀王重又想起已被自己疏远的屈原。刘向在《新序》中记载："是时怀王悔不用屈原之策，以至于此，于是复启用屈原。"屈原此次出使齐国，重修旧盟，大约是怀王十八年，公元前311年。

秦国最担心齐、楚重归于好，联手抗秦，于是秦

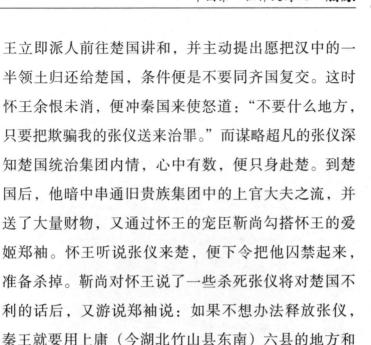

王立即派人前往楚国讲和，并主动提出愿把汉中的一半领土归还给楚国，条件便是不要同齐国复交。这时怀王余恨未消，便冲秦国来使怒道："不要什么地方，只要把欺骗我的张仪送来治罪。"而谋略超凡的张仪深知楚国统治集团内情，心中有数，便只身赴楚。到楚国后，他暗中串通旧贵族集团中的上官大夫之流，并送了大量财物，又通过怀王的宠臣靳尚勾搭怀王的爱姬郑袖。怀王听说张仪来楚，便下令把他囚禁起来，准备杀掉。靳尚对怀王说了一些杀死张仪将对楚国不利的话后，又游说郑袖说：如果不想办法释放张仪，秦王就要用上庸（今湖北竹山县东南）六县的地方和他的爱女赎回张仪，而秦王的爱女聪明，美丽，能歌善舞，将来定会与你争宠；如果释放了张仪和秦交好，你的儿子将来就可做楚国的太子，继承王位等等。这些话无疑深深打动了郑袖的心。郑袖便劝说怀王释放了张仪，并同秦国进一步和好，还约为婚姻。张仪走了不久，屈原出使齐国归来，闻知此事，急问怀王："为何不杀张仪？"怀王后悔，派人追赶，已经来不及了。

从此以后，楚国的政权完全落在旧贵族腐朽派手里，国势日趋混乱。外交上也无政策可循，时而联齐，时而亲秦，摇摆不定。怀王二十五年，秦昭王要与楚

怀王于黄棘（今河南新野县东北）会晤，实则是秦王
设的圈套，搞的诡计。屈原很清楚秦王的阴谋，劝说
怀王："秦国简直是虎狼，不能相信，还是不去的好！"
（见《史记·屈原贾生列传》和《楚世家》），而怀王
的幼子子兰却担心不赴约，会得罪秦王，便怂恿怀王

← 梓潼山鬼谷子碑

→古画中的屈原形象

前往。怀王一进武关，便被秦国伏兵劫持到咸阳，要挟割地。怀王不从，逃到赵国。赵国唯恐得罪秦国而不敢收留。怀王走投无路，又被秦兵拦住，重又带回秦国，在秦国过了3年软禁生活，最终客死于秦国。

在怀王被扣留于秦国期间，怀王的长子熊横继位，为顷襄王。他任用幼弟子兰为令尹。顷襄王不念国耻父仇，竟然做了秦国的女婿，对秦唯命是从，不加反抗。楚国旧势力的代表子兰，只顾私利而屈膝媚敌，极力推行绝齐亲秦政策，此时政治更加黑暗、腐败。怀王客死于秦，当时山东各国对秦的这种行为都很不满，秦的行为也激起楚国人民的公愤，纷纷指责子兰和亲秦派对怀王的怂恿。这种心情在屈原身上自然表

现得更为突出。子兰对屈原素有积怨，政见不容，此时子兰掌握了国政大权，为所欲为，趁机便加重对屈原的迫害。已被疏远的屈原，蒿目时艰，"眷顾楚国"，希望楚王能幡然悔悟，改弦易辙，对内实行"美政"，对外联齐抗秦，最终统一中国。在屈原政治上失意，情志忧郁之际，曾将自己"存君兴国"的赤诚通过诗篇向楚王反复陈诉，向社会大声呼吁。楚王始终不觉悟，屈原倍感失望。而屈原的政敌子兰等人变本加厉地对他进行诬陷和打击。子兰指使上官大夫到顷襄王面前进谗言，顷襄王受了蒙蔽，恼怒屈原，从而将屈原"迁"到别的地方去了。怀王生前，屈原虽然被疏，但有时还受信用。顷襄王时，外交上彻底投向秦国，屈原也就完全被抛弃了。从此，屈原的政治生涯由此告终，他离开了亲爱的故都而被流放到荒远的江南去了。

然而，屈原这位失败的政治家却是一位成功的诗人。

"连横"与张仪

　　战国时，列国林立，诸侯争霸，割据战争频繁。各诸侯国在外交和军事上，纷纷采取"合纵连横"的策略。或"合众弱以攻一强"，防止强国的兼并，或"连横"，"事一强以攻众弱"，达到兼并土地的目的。张仪正是作为杰出的纵横家出现在战国的政治舞台上，对列国兼并战争形势的变

张仪筑城浮雕

化产生了较大的影响。

秦惠文君九年（前329年），张仪由赵国西入秦国，凭借出众的才智被秦惠王任为客卿，筹划谋略攻伐之事。次年，秦国仿效三晋的官僚机构开始设置相位，称相邦或相国，张仪出任此职。他是秦国置相后的第一任相国，位居百官之首，参与军政要务及外交活动。从此开始了他的政治、外交和军事生涯。

张仪拜相后，积极为秦国谋划。他采用连横术迫使韩、魏太子来秦朝拜，并与公子华（桑）攻取魏国蒲阳（今山西隰县）。又游说魏惠王，不用一兵一卒，使得魏国把上郡15县，包括少梁（今陕西韩城南）一起献给秦国。秦惠文君十三年（前325年），张仪又率军攻取魏国的陕县（今河南陕县）。这样，黄河天险为秦所占有。随着秦国威势的不断增长，张仪辅佐秦惠文君于同年称王，秦国国势日益强盛。

秦惠文王更元二年（前323年），秦国为了对抗魏惠王的合纵政策，进而达到兼并魏国国土的目的，张仪运用连横策略，与齐、楚大臣会于啮桑（今江苏沛县西南）以消除秦国东进的忧虑。

张仪在商鞅变法的基础上，"外连衡而斗诸侯"，与秦国的耕战政策相配合，运用雄辩的口才，诡谲的谋略，纵横捭阖，游说诸侯，建立了诸多功绩，在秦国的政治、外交和军事上成为举足轻重的人物。他在风云多变的险恶环境中，主要凭借外交手段，采用连横策略，"散六国之从，使之西面事秦"，使秦国的国威大张，在诸侯国中产生了巨大的威慑作用。孟子的弟子景春称赞说："公孙衍、张仪，岂不诚大丈夫哉！一怒而诸侯惧，安居而天下熄。"张仪使用军事和外交手段，使得秦国"东拔三川之地，西并巴、蜀，北收上郡，南取汉中"，这为秦国的霸业和将来的统一起了积极的作用。秦惠文王更元十四年（前311年），秦惠王卒，子秦武王即位。张仪素为秦武王不满，离秦赴魏，秦武王二年（前309年）卒于魏。

孤独漂泊与痛苦沉渊

> 有的人活着，他已经死了；有的人死了，他还活着。
>
> ——臧克家

屈原带着理想无法实现的痛苦和遗憾，满怀伤感地告别故都，踏上孤独、清冷的漂泊流放之路。那时，南方的土地荒芜但广阔，至少包括现在湖北的南部和湖南的北部一带。屈原经过的地方，从他的作品中大略可以看到：

去故乡而就远兮，遵江夏以流亡。

……

发郢都而去闾兮，怊荒忽其焉极！

……

过夏首而西浮兮，顾龙门而不见。

……

将运舟而下浮兮，上洞庭而下江。

……

背夏浦而西思兮，哀故都之日远。

——《哀郢》

哀南夷之莫吾知兮，且余济乎江湘。

乘鄂渚而反顾兮，欸秋冬之绪风！

步余马兮山皋，邸余车兮方林。

乘舲船余上沅兮，齐吴榜而击汰。

……

朝发枉陼兮，夕宿辰阳。

……

入溆浦余儃佪兮，迷不知吾所如。

——《涉江》

→屈原像

←楚国古城遗址

　　夏浦即今汉口。所行之路是从郢都顺流而下，一直向东走。出郢都后首先过夏首（今湖北江陵县东南），回顾龙门（郢城的东门）逐渐模糊。由夏首再入洞庭而复下长江。另一段路程是溯流而上，再过溆浦（湖南溆浦县），之后有短暂停留之后，不久复下沅水，入洞庭，渡湘水而达汨罗江。这就是屈原流放荒南的足迹。

　　一个年迈的老人，带着满腹的困惑和哀伤，形单影孤地独行于荒芜的漂泊之路。待他行至湘西辰阳、

溆浦一带时，周围环境是：

深林杳以冥冥兮，乃猿狖之所居。

山峻高以蔽日兮，下幽晦以多雨；

霰雪纷其无垠兮，云霏霏其承宇。

——《涉江》

此地山深谷穷，万分荒凉，几乎与世隔绝。这时，年迈的屈原不愿再前行了，打算就在此地隐居下来。不料，顷襄王二十一年，秦兵大举进攻楚国，旋即攻占楚国郢都，又夺取洞庭、五湖、江南等地。楚王在夷陵的祖坟也被秦军挖掘出来，乱柴烧毁。楚国君臣仓皇出逃，前往东北的陈城（河南淮阳县）。在这样慌乱、险恶而又无奈的情况下，屈原亲睹祖国危机日逼，人民疾苦日深，而自己难抑的政治理想，远大抱负彻底破灭了，并且自己也有成为敌国俘虏的可能。屈原绝望之时，悲痛已极，无法预想何处可以宁居。终于在端午节前走到长沙东边的汨罗江畔，望着滚滚东逝的汨罗江水，痛念祖国的破败垂亡，身缚石头，纵身跃入滔滔江水自杀身亡，与亲爱的祖国和人民永别了。

后人王逸在《楚辞章句》中说："屈原放在草野，复作《九章》，援天引圣以自证明，终不见省。不忍以

清白久居浊世，遂赴汨渊自沉而死。"屈原终于以自己的"忿怼激发"之举，实践了他早就立下的"宁赴湘流，葬于江鱼之腹中，安能以皓皓之发，而蒙世俗之尘埃乎？"（《渔父》）的誓言，奏响了一支虽倍受磨难，也难弃祖

→《史记·屈原列传》作者司马迁雕像

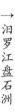
→泪罗江盘石洲

国，宁将自己纯洁的生命葬于祖国江流之中的悲歌。这悲壮的音响，从此成为屈原抗争黑暗的最后一节尾音，而久久地回荡在后世漫漫文化长流之中。当我们翻开这位伟大诗人的作品，与其默默对话时，便会发现，屈原内在高洁的人格与外在污秽的现实之间的矛盾何等激烈。

　　屈原是一个理想主义者，并有极深刻的理性精神和丰盈勃郁的情感世界。在屈原的心灵世界中，支托其理想大厦的是政治和人格两根柱石。他在自己的作品中把自己的政治理想称为"美政"，把理想的人格称为"内美""修能"。屈原立志高远，同时又不断砥砺，不断修养自己完美的人格，然而他所处的环境是"党人偷乐，众皆竞进以贪婪"，变白为黑，倒上为下，凤凰在铺，鸡鹜翔舞，黄钟毁弃，瓦釜雷鸣的浊世。屈原高洁的人格与污浊的现实时时发生碰撞，终于不为环境所容，而流放江南。屈原一路行吟，但他独立不

迁的人格，决定了他不会因流放而妥协、与邪恶势力同流合污，"虽体解吾犹未变兮，岂余心之可惩？""亦余心之所善兮，虽九死其犹未悔"。于是，在理想与现实发生强烈冲突的时候，为了维护自己的政治理想和高洁人格，他选择了死亡，以肉体生命的毁灭来保全自己那一片纯净的蓝天，并由此而获得了永恒。

屈原的伟大正在这里，他无所畏惧地抗争黑暗，深深热爱自己的祖国。他的死既是不妥协抗争精神的最后迸发，也是对祖国忠贞不渝精神的升华。正由于此，屈原的死，才使后世人们痛惜屈原的逝去，而衔泪含悲。传说屈原死后，人们痛惜其死，纷纷划船拯救他，向江中投粽子以保全其体。后来这些都演化成古老中国的民俗——端午节吃粽子、赛龙舟。

← 龙舟

战国时的楚国

　　楚国是周朝诸侯国，战国七雄之一。亦称荆。芈姓是所谓"祝融八姓"之一，始祖为季连。季连的后世子孙鬻熊为周文王师。古书记载，鬻熊以下楚君皆以熊为氏，但据出土战国晚期楚国铜器铭文，楚君名号皆以酓为氏。鬻熊曾孙熊绎僻处荆山（在今湖北南漳、保康一带），跋涉山林，以事周成王，被封以子男之田，居丹阳（今湖北秭归），从此立为国家。

　　进入春秋后，楚国国力强盛，与晋国长期争霸。春秋晚期，楚长期陷入公族内乱，风头渐渐被临近的吴国抢去。

　　战国早期，楚惠王灭蔡，占领淮水流域；公元前431年，简王北上灭莒（在今山东莒县）。简王卒，声王立，立仅六年，"盗"杀声王。楚悼王立。时三晋强盛，楚国多次与晋军交战，然今非昔比。三晋多次大败楚军，楚国黄河以南大片土地被三晋所占，楚军一胜难求。后悼王任用魏将吴起变法，南收扬越，占领洞庭、苍梧，楚国稍见起色。

战国中期，楚威王败越。楚怀王时，楚与齐纵亲。公元前318年，魏、赵、韩、燕、楚等国合

古天问阁遗址

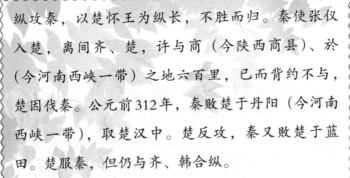

纵攻秦，以楚怀王为纵长，不胜而归。秦使张仪入楚，离间齐、楚，许与商（今陕西商县）、於（今河南西峡一带）之地六百里，已而背约不与，楚因伐秦。公元前312年，秦败楚于丹阳（今河南西峡一带），取楚汉中。楚反攻，秦又败楚于蓝田。楚服秦，但仍与齐、韩合纵。

战国晚期，楚背齐合秦。公元前301年，齐联合韩、魏攻楚，大败楚军于垂沙。次年，秦亦攻楚，取襄城。又次年，楚怀王入秦被执，后三年死于秦，楚从此一蹶不振。顷襄王时，秦继续攻楚。公元前278年，秦将白起破楚拔郢，楚迁都于陈（今河南淮阳）。顷襄王卒，考烈王立，以黄歇（封为春申君）为相。公元前257年，黄歇与魏信陵君救赵败秦。次年，楚灭鲁。公元前253年，楚迁都巨阳（今安徽太和东南）。公元前241年，楚迁都寿春（亦称郢，今安徽寿县西南）。考烈王卒，李园杀黄歇，立幽王。幽王卒，同母弟犹代立为哀王。哀王立仅二月余，为庶兄负刍之徒袭杀，负刍立为王。公元前223年，秦将王翦、蒙武破楚，虏王负刍，楚国灭亡。

屈原的思想

路漫漫其修远兮，吾将上下而求索。

——屈原

屈原生活的战国中后期，是中国古代历史上一个激烈的变革时代。就其经济方面看，农业上，铁制工具已被广泛使用，耕种技艺较前有显著提高，许多地区已经有了较大规模的水利工程。牛耕在春秋晚期已比较普遍，到了战国末期，更得到进一步推广。与农业发展同时，手工业也蓬勃发展起来。战国时各诸侯国普遍设有自己的手工业作坊，以制造国君和宗室所需要的兵器、钱币和其他各种器物等。重要的手工业

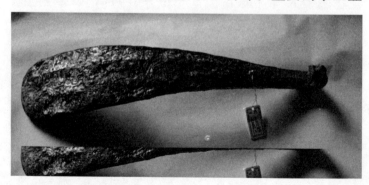

←战国错金铁器

→伯夷叔齐木雕

地点，遍及全国各地，并且手工业分工也逐渐走向专业化。此外，这时的商业也兴盛起来，商业和高利贷资本已相当发展，除官府商业外，私人商业也很发达，经商致富成为一般人追求的目标。有不少巨富的商人，拥有大量的土地，参加统治集团，甚至可与封建领主分庭抗礼。如阳翟（今河南禹县）大贾吕不韦在秦庄襄王时，就做了秦国的丞相，封为文信侯，秦始皇时做相国，号"仲父"。由于生产力的提高，工商业的发达，城市更加繁荣起来。当时的大都邑，如临淄（今山东省境内），邯郸（今河北省），大梁（河南开封县），洛阳（河南省）等都是著名的大商业城市。

随着经济发展而来的，就是土地所有关系的改变。具体表现在土地兼并战争的激烈、频繁和土地自由买

卖。其原因有二：一是因为商业经济活跃，货币的使用，统治者由征收实物地租逐渐转变为征收货币地租，农民要用粮食换取货币，往往低价卖出。无力负担时，被迫出卖土地。二是因为富有的商人或地主，采取高利贷资本的剥削方式，迫使农民出卖土地。生产力的提高，必将导致生产关系的改变。生产关系的变革又必将导致社会结构，阶级关系的变化。促成旧贵族的没落、解体，新兴地主阶级逐渐得势，从而形成了各种矛盾错综复杂的局面。在这种情况下，自然产生了各种不同的思想学说。而当时具有代表性和积极意义的思想学说，又可反过来在一定程度上促进土地所有关系和社会经济的改变，适应生产力的发展。

战国时代，是我国哲学思想百家争鸣的时代。战国前期"世之显学"为儒、道、墨三家，这三家的思想已形成了系统的体系，并且著之于书而行之于世。而法家，在当时还是以政治改革实践而闻名，缺乏系统的理论阐述。到屈原时代，儒、墨两家内部开始分化，形成了若干流派，这是由复杂的阶级关系决定的。各阶级的代言人都是基于所属阶级或集团的切身利益思考问题，探讨治国之道。但由于社会的发展阶级关系相互转变，地主与奴隶主贵族间的矛盾上升为社会的主要矛盾，而这种矛盾斗争是构成社会生活的一个重要方面。反映在意识形态领域，是法家思想体系的逐渐形成和发展。最终，便与儒、墨、道三家同列为四大学术流派。但是从他们的思想渊源看，儒、法两家很接近，法家是出于儒家而又别立门户与儒家分庭抗礼的。二者既有区别又有联系。

首先，法家学者多出于儒家，如魏国最早的法家李悝，楚国变法的吴起，秦国的商鞅等。他们在思想上都和儒家有着渊源关系。其次，儒家与法家都重视人民的作用，主张爱民。但儒家主张对人民实行仁义、惠爱，而法家则主张赏罚严明。再次，儒家与法家都讲规矩，循绳墨，但儒家所谓的规矩、绳墨是指儒家的仁政，法家的则指法术。其四，儒家与法家都主张统一天下。但儒家主张以仁德教化天下，对邻国实行怀柔政策，法家则主张耕战政策。其五，儒

→战国法家代表人物吴起

家与法家都重视"修士"在社会政治生活中的作用。但儒家倡导以礼义修身,而法家则主张以法矫奸律己。其六,儒家与法家都主张以德治国,反对依靠天险,但法家吴起所主张的德政的内容是指废除那些疏远贵族的世袭特权和爵禄,抚养战士,与孟子主张的仁义、惠爱不同,儒家用以治国的是"德"和"礼",法家用以治国的是"刑"和"政"。其七,儒家和法家都有自己的政治理想,儒家的政治理想是实现"王道",法家的政治理想是推行"霸道"。

屈原是生活在由儒到法的过渡时期。他的思想就反映了儒、法两家思想的同一、分化的演变过程。一般来讲,屈原对儒家的思想学说是持肯定态度的,但也有相错的地方。儒家学说的创始人是孔子,而屈原最为仰慕的不是孔子而是伯夷。相传伯夷和叔齐是商代孤竹君的两个儿子,孤竹君要立次子叔齐为继承人,孤竹君死后,叔齐让位给哥哥伯夷,但伯夷不受,叔齐也不愿登位,于是二人先后都逃到周国。周武王伐纣,两人曾叩马谏阻,武王未从。武王灭周后,他们认为再食周粟可耻,于是二人又逃到首阳山,以采食薇菜生存,最后饿死在山里。屈原在《橘颂》中写道:"行比伯夷,置以为像兮。"写出了自己愿把伯夷立为偶像,以约束自己。另外儒家的孔子周游列国,而屈

→战国儒家代表人物孟子

原自始至终钟爱自己的祖国，绝不抛弃祖国而在外求官。儒家讲求"中庸之道"肯定"仁者不忧"，屈原却极其偏激，颇多忧虑。

法家的主张，就其整体看，有部分是屈原所接受的，如屈原在《惜往日》中说："明法度之嫌疑""国富强而法立兮"，及为楚怀王草拟宪令，都可证明屈原是接受一定的法家思想的。但法家思想包括"法""术""势"（权力），屈原重视法，主张变法，但对"术""势"没有充足的认识，不懂权术，不懂得"君无术则弊于上"（《韩非子·定法》）的道理。并且屈原思想本身也存在着矛盾：一方面他极为愤恨旧贵族集团，主张"明法度之嫌疑"使"国富强而法立兮"，为了限制旧贵族的特权，他赞赏吴起、商鞅变法。另一方面，又

尊崇尧、舜的仁义，"彼尧舜之耿介兮，既遵道而得路"（《离骚》），这又与法家不同。可见，一个人的思想并不是孤立绝缘的。概括而言，屈原的思想以儒家为主，同时兼有法家和其他派别的思想。

屈原主张以德治国，他为之殉身的美政理想的核心，即德政。《离骚》中说："皇天无私阿兮，览民德焉错辅。夫唯圣哲以茂行兮，苟得用此下土。"屈原劝戒怀王实行德政，以取得民心。他以德政期待于怀王，同时也以怀王不能实行德政而予以尖锐的批评："皇天之不纯命兮，何百姓之震愆！"（《哀郢》）。是否实行德政，是他衡量怀王政治好坏的标准。这种德政思想，虽然儒、法两家皆有，但在屈原的思想意识中更多含有的是儒家成分，和儒家不同的是，屈原所关心、所热爱和所同情的人，已经不是孔孟时的奴隶主阶级，而是广大被压迫、被奴役的人民，"长太息以掩涕兮，哀民生之多艰"，"怨灵修之浩荡兮，终不察夫民心"（《离骚》）。

屈原的思想又是法先王的。他在作品中反复称道"前王""前圣"，力图谏戒怀王效法先王治国的经验，以修明楚国的政治。"彼尧舜之耿介兮，既遵道而得路"，"汤禹俨而祗敬兮，周论道而莫差"（《离骚》），屈原不但推崇儒家所尊尚的尧、舜、汤、文、武等古代圣王，而且也推崇法家所尊尚的齐桓公、秦穆公等霸主。刘安在《离骚传》中说："上称帝喾，下道齐桓，中述汤武，以刺世事。明道德之广崇，治乱之条贯，靡不毕见。"道出了屈原所期待于怀王效法的是"王""霸"兼而有之，但更多的却是王道。

屈原重视修身，尤其看重修身的作用，强调砥砺自己的德行，提高自己的思想修养，以不屈服于当时的黑暗政治。"民生各有所乐兮，余独好修以为常"，"苟中情其好修兮，又何必用夫行媒？"（《离骚》），这与儒家"修己以安人"的道德观念大体一致。屈原修身的内容就是儒家所谓的仁义，把人看作人、热爱人、同情人，这就是仁；处事正直，坚持正义，这就是义。屈原为了坚持实现自己的政治理想，在和楚国旧贵族集团斗争的过程中，时时不忘修养自身。汉代司马迁曾赞佩说："其志洁，其行廉"，"推此志也，虽与日月争光可也！"（《屈原列传》）。

由此看来，屈原的思想是杂糅型的，以儒家为主，又有法家色彩。况且，屈原"博闻强记"。他对阴阳家、道家乃至其他各家的学说都通晓。屈原主张变法，和恶势力奋斗一生，卒至牺牲了自己宝贵的生命，这种入世的积极态度和行为是与他的思想意识密切相连的。

董其昌 《离骚图》

屈原进步的思想，也表现在他的艺术创作上。我们知道，中国自《诗经》以后，直到屈原的作品问世，诗歌方在自己的领域上放出奇光异彩。这来源于屈原进步思想的指导，也就是说，屈原在其世界观的指导下，选用了恰切的创作方法。

屈原的思想也有局限性。由于他出身于当时居统治地位的贵族阶级，熟悉统治阶级内部种种不合理的情况。同时，他又有比较丰富的经验，主观上同情人民，关心人民利益，这就与旧贵族集团处于敌对、对抗位置，这又使他在思想感情上存在着不可解决的矛盾。这种矛盾的存在，一方面固然能够增强他的斗争力量，促使他违反自己阶级的利益，逐渐朝着和自己所属阶级利益相反的方向走去，并能超越自己阶级利益限制，而拥有先进的思想。另一方面也由于阶级性质和历史条件的限制，他又不可能看到人民潜在的力量，并与人民群众一道去做那具有进步意义，然而又必须经过艰苦斗争才能获得胜利的正义事业，而只是把希望集中寄托到国君身上，孤军奋斗。所以当自己美好的理想在实现中碰壁、遇到阻碍，便产生悲观失望的思想情绪乃至自杀。屈原的自杀，能否达到"以死悟君"的目的？这在沉渊之际的屈原大概也是茫然的，这是历史的局限，而这种局限又是导致他政治失败的一个重要原因。

战国时期的百家争鸣

儒家：代表人物：孟子、荀子

儒家是战国时期重要的学派之一，它以春秋时孔子为师，以六艺为法，崇尚"礼乐"和"仁义"，提倡"忠恕"和不偏不倚的"中庸"之道，主张"德治"和"仁政"，重视道德伦理教育和人的自身修养的一个学术派别。

道家：代表人物：老子、庄子

道家是战国时期重要学派之一，又称"道德家"。这一学派以春秋末年老子关于"道"的学说作为理论基础，以"道"说明宇宙万物的本质、本源、构成和变化。认为天道无为，万物自然化生，否认上帝鬼神主宰一切，主张道法自然，顺其自然，提倡清净无为，守雌守柔，以柔克刚。政治理想是"小国寡民""无为而治"。

墨家：代表人物：墨子

墨家是战国时期重要学派之一。

这一学派以"兼相爱，交相利"作为学说的

基础：兼，视人如己；兼爱，即爱人如己。"天下兼相爱"，就可达到"交相利"的目的。政治上主张尚贤、尚同和非攻；经济上主张强本节用；思想上提出尊天事鬼。同时，又提出"非命"的主张，强调靠自身的强力从事。

法家：代表人物：韩非、李斯

法家是战国时期的重要学派之一，因主张以法治国，"不别亲疏，不殊贵贱，一断于法"，故称之为法家。这一学派，经济上主张废井田，重农抑商、奖励耕战；政治上主张废分封，设郡县，君主专制，仗势用术，以严刑峻法进行统治；思想和教育方面，则主张禁断诸子百家学说，以法为教，以吏为师。其学说为君主专制的大一统王朝的建立，提供了理论根据和行动方略。

名家：代表人物：邓析、惠施、公孙龙和桓团

名家是战国时期的重要学派之一，因从事论辩名（名称、概念）实（事实、实在）为主要学术活动而被后人称为名家。当时人则称为"辩者"代表人物为惠施和公孙龙。

阴阳家：代表人物：邹衍

阴阳家是战国时期重要学派之一，因提倡阴阳五行学说，并用它解释社会人事而得名。这一学派，当源于上古执掌天文历数的统治阶层，代表人物为战国时齐人邹衍。

纵横家：代表人物：苏秦、张仪

纵横家是中国战国时以纵横捭阖之策游说诸侯，从事政治、外交活动的谋士。列为诸子百家之一。主要代表人物是苏秦、张仪等。

战国时南与北合为纵，西与东连为横，苏秦力主燕、赵、韩、魏、齐、楚合纵以拒秦，张仪则力破合纵，连横六国分别事秦，纵横家由此得名。他们的活动对于战国时政治、军事格局的变化有重要的影响。

杂家：代表人物：吕不韦

杂家是战国末期的综合学派。因"兼儒墨、合名法"，"于百家之道无不贯综"（《汉书·艺文志》及颜师古注）而得名。秦相吕不韦聚集门客编著的《吕氏春秋》，是一部典型的杂家著作集。

农家：

农家是战国时期重要学派之一。因注重农业生产而得名。此派出自上古管理农业生产的官吏。

他们认为农业是衣食之本，应放在一切工作的首位。《孟子·滕文公上》记有许行其人，"为神农之言"，提出贤者应"与民并耕而食，饔飧而治"，表现了农家的社会政治理想。

小说家：

小说家，先秦九流十家之一，乃采集民间传说议论，借以考察民情风俗。《汉书·艺文志》云："小说家者流，盖出于稗官。街谈巷语，道听涂说者之所造也。"

《楚辞·渔父》刻铜墨盒

屈原作品丰富而深刻的内容

> 一个作家伟大可贵与否，唯一的衡量，是他有没有向人们表露他灵魂的内在激动。
>
> ——托尔斯泰

"文如其人"，诚然，他那宏伟瑰丽的诗篇正是一位爱国志士的伟大人格和高洁志行的集中表现。他的政治斗争实践和艺术创作活动是统一的，又是相反相成的。他的政治生涯几经浮沉，屡遭困顿，最终陷于绝境，但他的艺术生命却大放异彩，永恒不息。而具有丰富、深刻的思想内容则是屈原艺术成就的一个重要方面。

从数量上看，根据汉代刘向、刘歆父子校定及王逸《楚辞章句》认为屈原作品有25篇，《离骚》《天问》《九歌》9篇（加《东皇太一》与《礼魂》共11篇），《九章》9篇，《远游》《卜居》《渔父》各11篇，合计25篇。又据《史记·屈原列传》所载，又有《招魂》1篇，近世还有人把《大招》也算为屈原的作品，这就成为27篇了。

　　《离骚》是屈原作品中最长的一篇抒情诗，共373句，2490个字，是屈原作品中最重要的一篇。"离骚"二字含义，古今讨论观点不一，但大体不外五种意见：一是指离忧（司马迁、班固），二是别愁（王逸），三是骚离（项安世），四是歌曲名，即劳商的异写（游国恩），五是牢骚。结合全诗，全篇主旨是因被怀王疏远，被迫离开君王，离开国都，而发愁生忧，所以解释为"离忧""别愁"最为切合。作品中表现了诗人坚持理想、憎恶黑暗的高尚情操和眷恋故乡、热爱祖国的伟大精神，同时表现了诗人精湛高超的文学修养。汉代人曾尊称《离骚》为"经"。汉代以后，《离骚》或"骚"曾成为屈原作品甚至楚辞的代称，以至后代模仿《离骚》而写作的诗赋被称为"骚体"。

→离骚碑

《天问》是一篇奇特的哲理诗，里边一连串提出170多个问题，有关于自然界的，有关于人类社会的，有关于古代历史的，也有关于神话传说的。提出的这些问题，有的本身包含着答案，有的则没有答案。

《九歌》，是屈原创作的祭歌。大体说来，有描写灵巫服装动作的，有描写祭堂的陈设和祭品的，有描写祭祀的音乐和歌舞的，有描写神的车驾和仪仗的，有描写神的生活的，也有直接对神作歌颂的。其中有关祭祀仪式的描写，都能传达出声音和气氛；有关神的形象的描写，则无不切合每一种神的身份和生活。

《九章》的内容与《离骚》相似，是叙述屈原身世和遭遇的作品。《九章》的9篇作品是屈原在不同时期作的，是后人把这9篇辑到一起，名为"九章"。

《远游》是一篇游仙诗，描写了神游天上的快乐，走遍东西南北四方，浪漫情绪略与《离骚》中的某些地方相类似；其中也涉及服食轻举、养生练形的理论。

《卜居》《渔父》两篇，内容相近，都是以人世的善恶、是非为标准，而求其"自处"，表现了屈原热爱生活，热爱真理，用道德标准来衡量人世。

至于《招魂》与《大招》有人认为是屈原的作

→明代陈洪绶屈原像

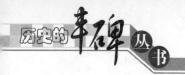

品，有人认为是景差的作品。根据姜亮夫的考证，这"二招"应是屈原所作。

屈原作品的思想内容可概括为以下几个方面。

一、热爱祖国，眷恋故土，关心人民

屈原，作为一个伟大的爱国诗人，以他热烈而饱满的感情，纯洁而美好的心灵不断地歌吟着。他以现实主义的创作方法谱写了大量的富有人民性的诗篇，唱出了他对祖国的忠诚和热爱、对人民的关心和同情、对故土的深情和眷恋。

他的创作活动是和政治斗争、生活实践互相交织在一起的。屈原真挚而又强烈的爱国热情，远大而进步的政治理想，永远为真理而战斗的坚毅精神，都付诸伟大而切实的行动；同时，这些思想与行动的精神实质，又都渗透溶化到他的作品的字里行间，成为作品的灵魂与生命，使其作品灌注着深刻而又鲜明的人民性和现实主义精神。屈原热爱楚国，首先因为他是楚国人，其次因为他又具有顺应历史发展趋势的"大一统"思想，并且认为楚国有能力完成这统一大业。而要实现这远大的理想，达到"平天下"的目的，在当时的历史条件下，自然要寄希望于国家的政治代表——楚王。屈原是楚王的同姓贵族，怀王曾高度信任过他，并委以左徒的要职，屈原也深信自己的卓

越才能，立定宏图大志，并为之不懈奋斗。

《离骚》开篇就叙说了自己奇特的生日和不平凡的家世，强调了自己纯美的禀赋和宏伟的抱负，他自少年起就懂得珍惜时间，不间断地修养自身，以天下为己任；在朝居官时，直言进谏，忠贞不渝：

纷吾既有此内美兮，又重之以修能。

扈江离与辟芷兮，纫秋兰以为佩。

汨余若将不及兮，恐年岁之不吾与。

朝搴阰之木兰兮，夕揽洲之宿莽。

日月忽其不淹兮，春与秋其代序。

→民国时期《钦定补绘离骚图三卷》

惟草木之零落兮，恐美人之迟暮。

不抚壮而弃秽兮，何不改乎此度？
乘骐骥以驰骋兮，来吾导夫先路！

——《离骚》

诗意是：

我既有许多内在的美质，又加上许多奇异的才能：／编织秋天的兰草成为佩物，披上蘼芜和香芷当作衣裙。／时间像流水那样追赶不上，我时时担心着它不把我等。／清晨折木兰爬上山坡，晚间采宿草来到洲心。／太阳月亮不停地向前运行，春天秋天不断地来回变更。／草木啊是那样容易凋零，美人啊你应当爱惜青春。／为何不趁年轻抛弃污秽，为何不改一改现行法令？／准备了千里马请你骑乘，快来吧我上前来把路领！

屈原又以形象的比喻，叙述古代贤王如何广揽贤才，共同治国，以此希望当今楚王能效仿古代贤王，招贤集能于身边：

昔三后之纯粹兮，固众芳之所在。

杂申椒与菌桂兮，岂维纫夫蕙？

——《离骚》

诗意是：

古时候有三位贤明的君王，他那里汇集了应有的群芳：／不只是聚拢了蕙草香芷，还有那椒和桂济济一堂。

屈原又以古帝尧、舜为典范，以暴君桀、纣为鉴戒，由此说明治乱成败之理，而寄厚望于楚君。借古喻今，语重心长：

彼尧舜之耿介兮，既遵道而得路。

何桀纣之猖披兮，夫唯捷径以窘步。

屈原目睹了执政的腐败势力蒙蔽与左右楚王，败坏朝纲，他们朋比为奸，苟且偷安，荒淫享乐，贪图贿赂，出卖祖国利益而屈膝事敌。从而引起屈原对国家前途命运的担忧和对黑暗现实的愤恨。因而他对误国的党人深怀痛恨，对国家形势深怀焦虑：

唯夫党人之偷乐兮，路幽昧以险隘。

岂余身之惮殃兮，恐皇舆之败绩。

　　屈原作品所表现出的爱国思想与忠君意识相交叉、难以分割。在古代，君王的贤愚直接关涉国家的兴衰。作为政治家的屈原便时时寄希望于君王，屡进忠谏，激浊扬清，但屈原从根本上说，是通过忠君来实现他热爱祖国和祖国人民的愿望。但当他认识到国君完全站在"党人"的一边，把国家弄到濒于危亡的时候，他敢于谴责国君。《离骚》中从"伤灵修之数化"到"怨灵修之浩荡"既反映了越来越深的怨愤，《九章·惜往日》更反复指斥国君"弗参验以考实兮，远迁臣而弗思"，"弗省察而按实兮，听谗人之虚辞"。这就说明屈原的忠君已经在一定程度上超出了纯粹封建道德意义上的愚忠，他把国家的利益放得更高。但是，屈原毕竟是封建社会初期的一个贵族，他的立场观点必然受到阶级和时代的局限，因此，他将希望寄托在昏乱的楚王身上，甚至屡遭打击迫害的情况下，仍念念不忘楚王。最后，他的希望化为绝望，使自己深陷抑郁愁苦之中。尽管他长期过着逐臣迁客的流亡生活，境况十分悲惨凄凉，也接触到苦难中的人民，也曾体

→ 古画上的赛龙舟

会到人民群众的爱国热情，但是，他没有认清爱国运动是"群众自己的运动"。因而，屈原就未将振兴楚国的希望寄托于人民大众，所以自己在斗争中孤立无援，楚国放逐他，他却始终不能放弃对楚王的幻想，这是时代与阶级的局限。

屈原的作品在揭露贵族统治集团的同时，对人民群众表现了深切的关怀与同情。因此即使在被谗放逐的过程中，诗人虽然思想上有种种矛盾和苦闷，但当他想到人民的苦难时，就又能够镇定下来，继续向国君陈词进谏：

愿摇起而横奔兮，览民尤以自镇。
结微情以陈词兮，矫以遗夫美人。
　　　　　　　——《九章·抽思》

正是基于对人民的同情，所以他能够克制自己的感情，没有因为个人的悲惨遭遇而影响了斗争的信念。尤其如《哀郢》一诗，开篇写道：

皇天之不纯命兮，何百姓是震愆。
民离散而相失兮，方仲春而东迁。

除此以外，屈原的作品也反映了人民的要求和对人民英雄的礼赞，热情地歌颂了他们为国捐躯、英勇无畏的气概，反映了广大人民的同仇敌忾：

带长剑兮挟秦弓，首身离兮心不惩。

诚既勇兮又以武，终刚强兮不可凌。

身既死兮神以灵，魂魄毅兮为鬼雄。

——《国殇》

屈原的爱国思想还表现为对祖国山河破碎，国土沦丧的痛惜与愤慨，对乡土和故都的怀恋与眷念。我们知道从春秋以来，"楚才晋用"是极平常而又正当的事。一个有才能的人在本国不能实现自己的抱负，尽可以到别国去寻求出路，如在秦国的发展过程中，商鞅是卫国人，范雎和张仪是魏国人，但他们对秦统一中国起过不小的作用。而屈原却与他们不同，尽管遭到种种不幸，他始终不肯离开自己的楚国。在屈原作品中我们看到，他不仅忠于国家，就是对楚国的乡土、山川，风物人情以至一草一木，也都有无比深厚的感情。因此在放逐中远离国都，他

→屈原铜像

就特别感到痛心，也没有忘记要回返故都。如《九章·
哀郢》中写道：

去故乡而就远兮，遵江夏以流亡。

出国门而轸怀兮，甲之晁吾以行。

……

望长楸而太息兮，涕淫淫其若霰。

过夏首而西浮兮，顾龙门而不见。

……

去终古之所居兮，今逍遥而来东。

羌灵魂之欲归兮，何须臾而忘返。

……

曾不知夏之为丘兮，孰两东门之可芜！

……

唯郢路之辽远兮，江与夏之不可涉。

忽若不信兮，至今九年而不复！

……

鸟飞返故乡兮，狐死必首丘。

在流放生活中，这种眷念楚国、不忘欲返的痛苦
心情，深深地折磨着他，使他夜不能寐：

望孟夏之短夜兮，何晦明之若岁。

唯郢路之辽远兮，魂一夕而九逝。

曾不知路之曲直兮，南指月与列星。

愿径逝而未得兮，魂识路之营营。

　　初夏的夜是很短的，但诗人却感到夜长如年；他思念着故都，一夜之间梦中返回9次。在楚国的原野上，他的灵魂依着星月所指的方向，寻找着归郢的道路。正因为他的爱国主义情感是如此深厚，所以当他斗争失败，到了完全绝望的时候，他也只能以身殉国。《离骚》最后一段当他幻想漫游太空而望见了楚国的时候，便再也不忍离去，只能极端激愤地说：

已矣哉！国无人莫吾知兮，又何怀乎故都。

既莫足以为美政兮，吾将从彭咸之所居。

　　诗中的彭咸，据说是殷朝的一个贤德大夫，向国王进谏，不被采纳，投水而死。屈原伤心国内无人了解他，美政思想也无法实现，但他仍不愿离弃故土，而决心向彭咸学习。

　　屈原伟大的爱国主义精神，也表现在他最终为祖国和人民而壮烈自殉。他既为直道而生，又为直道而

死。为了对恶势力进行最后的抗争，为了对黑白颠倒的黑暗现实进行批判和否定，为了维护正义、理想、意志的尊严，所以，他决心以死殉志，舍生取义。

亦余心之所善兮，虽九死其犹未悔。

……

宁溘死以流亡兮，余不忍为此态也。

……

伏清白而死直兮，固前圣之所厚。

……

——《离骚》

知死不可让，愿勿爱兮。

明告君子，吾将以为类兮。

——《怀沙》

表现出屈原对前途迷茫的伤感，决心以死殉国。屈原决心殉国不是突然的火山爆发，不是一时的感情冲动，而是经过长期磨炼斗争的产物，是理智地对待现实，冷静地分析自己的结果。所以，诗人对于他的死，不是悲哀伤感，而是坚定沉着。他不愿吝惜生命，苟活于世，他要像圣贤君子那样"杀身以成仁"，他是带着坚定的信念，他是为着坚持自己的节操，保持自

→屈子祠

己的人格而勇敢地殉国的。

　　宁溘死而流亡兮，恐祸殃之有再。

　　　　　　　　　　　　——《惜往日》

　　宁溘死而流亡兮，不忍为此之常愁。

……

　　孰能思而不隐兮，昭彭咸之所闻。

　　　　　　　　　　　　——《悲回风》

　　屈原——伟大的诗人，为了真理和正义，为了祖国和人民，其自然的生命结束了，但其忧国爱民的伟大精神和艺术生命却永不止息。

二、对传统观念的怀疑、探索和否定

尽管屈原生活在巫风甚盛的楚国，也了解那些具有时代性、地域性和阶级性的宗教意识与习俗，但是，他并未被这些意识所局限。他的作品中虽然屡屡涉及天神、地祇、人鬼，但并不迷信它们，相反，却时常采取怀疑态度、批判态度。他反对传统的"天命观"，对所谓"皇天""上帝""天国""神界"是不信和不怕的。被人们认为神圣不可侵犯的"天国"和神秘高远无可企及的"仙境神界"，都成为诗人幻想中任意遨游、自由往来的地方。如《离骚》中描写他上下求索的过程，由虬龙驾车，由凤凰为扈从，月神、风神、雷神、云神前呼后拥，侍奉左右。他直上天宫，命令上帝的守门人打开门闩，尽管他受到对方的冷遇，但是只凭他敢于闯天宫，"令帝阍"这种胆气，已非同小可了。何况，在他吃了闭门羹之后，又敢于指斥天上和人间同样混浊，在天国、神界也没有合乎理想的好人，这就更表现了他对天帝鬼神的轻视与否定。此外，在《招魂》中，诗人劝告怀王之魂不要上天，天上有虎豹把守天门，专要噬啮上天的人；又有九头巨人，将人倒悬为嬉，并投入深渊，求生不能，求死不得。诗人将天国描绘得跟地狱同样险恶可怖。这也表明他

能破除对天帝的迷信。既然对天帝都不相信，自然不会相信天命。屈原在《天问》中从夏殷之际、殷周之间的历史变化中，罗列许多用天命观无法解决的矛盾，因此提出了许多问题，揭发这些矛盾，从而证明了天命观念为无稽之谈。他说：

> 皇天集命，唯何戒之？
> 受礼天下，又使至代之？
> ……
> 天命反侧，何罚何佑？
> 齐恒九合，卒然身杀？
>
> ——《天问》

上天既然把天下授给某个皇帝，就应该告诫他按自己的意志办事，但为什么又让另一位皇帝取代他的地位呢？因而诗人指斥天命反复无常，赏罚没有标准。既然天命不可信，那么一个朝代的兴亡，便在人而不在天。屈原进而从具体的历史事件中提出了一系列的问题，如商之代夏，他问：

> 汤出重泉，夫何？尤？
> 不胜心伐帝，夫谁使挑之？

　　《史记·夏本纪》记载："乃召汤而囚之夏台，已而释之。"成汤被夏桀囚禁于重泉，后来才释放，到底犯了什么罪？他抑制不住愤怒而讨伐夏桀，究竟是谁挑动他干的？这说明夏桀之亡是咎由自取，而不是天命。他又问：

　　帝乃降观，下逢伊挚。
　　何条放致罚，而黎服大悦？

　　《尚书·汤誓》记载："伊尹相汤伐桀，升自陑，遂与桀战于鸣条之野。"又《尚书·仲虺之诰》记载："成汤放桀于南巢。"意谓成汤灭夏，鸣条一战取得了胜利，把夏桀放逐到南巢，人民为什么高兴？是因为成汤考察民情，遇到了伊尹，举以为相，才完成了灭夏的事业。
　　关于周之代殷，他同样强调人的作用而否定天命。如他问：

　　迁藏就岐，何能依？
　　殷有惑妇，何所讥？

→湖南汨罗屈子祠的天问坛

屈原意谓人民为什么能带着财物跟随古公亶父由邠迁到岐山？殷纣王宠爱妲己有什么可劝谏的？周之兴，殷之亡，都是他们自己的行为促成的，并不是其

他什么原因！他进而再问：

> 会量争盟，何践吾期？
> 苍鸟群飞，孰使萃之？

　　屈原意谓为什么八百诸侯能实践武王的期约，于清晨赶到盟津会师？为什么武王能把勇猛的将帅都招集起来？自然是由于武王伐纣的行为深得民心。从一系列的史实看，屈原认为夏、商、周兴亡的原因，都不在天命而在人为。述古所以鉴今，他总结了这一段历史经验之后，面对楚国的现实，对天命之"福善祸淫"产生怀疑。它不但不能用来解释历史上朝代兴亡的原因，也不能用来解释人们伦理道德好坏所得到的不同结果。

　　屈原既然不相信"天命观"，当然更不会相信那些扮神弄鬼的、似乎沟通"人神关系"的巫祝。他在《离骚》《天问》《招魂》《九歌》等作品中，都不同程度地反映了不迷信巫祝的精神。如在《离骚》中，诗人在欲留不能，欲去不忍的情况下，进退不能，走投无路时，曾怀着非常矛盾的心情问卜于灵氛、巫咸，但这些神灵的化身，在屈原的心目中并不是什么神秘莫测的权威。他们所提出的劝告，诗人也并未奉为

"神旨"，而是看作一般言词，并且终于采取了怀疑与否定的态度。另外，诗人虽然根据楚地的风习写了一篇《招魂》，但是，他并非迷信这种宗教性、地方性的巫祝之风，甚至一开始就对此表示怀疑。屈原并非相信真的能召回怀王之魂，而是希望借此唤醒君王，唤醒国魂。这是出于诗人的存君兴国的思想，以及代表了当时楚国人民因怀王客死于秦而激起的民族仇恨和对统治集团丧权辱国的愤慨。在《招魂》中，描述天地四方的神异鬼怪，种种险恶恐怖的环境，只不过作为一种对比的表现手段，反衬出祖国故都是安谧和平、幸福美好的乐土。这是诗人假借巫阳之口来表达自己的难言之隐。其中涉及虚无的神鬼诸事，只被诗人当作一种材料调遣运用，并非迷信、宣扬，而是怀疑和否定。诗人所真正关心和热爱的是现实中的祖国，所要强烈表现的是如何振聋发聩，救亡图存。

古人认为，遂古之初，天地尚未成形，宇宙间只充满着没有形质的"元气"，天地间有至阴、至阳，互相交合而促成万物的发生发展。天是圆盖形的，上下共有9层。诗人对以上谬说产生了怀疑，他在《天问》中问道：最初，天地还未成形，天象时明时暗，混沌鸿蒙，谁能知其究竟？元气充盈弥漫，只有想象之影，根据什么认清其道理？白昼光明，黑夜幽暗，是什么

←赛龙舟图片

缘由？人们说阴阳二气交合而化生万物，什么是其根本？又是如何演变发展？传说圆天共有9层，是谁度量经营？又是谁创造的？这些话，对宇宙的起源和万物的化生提出疑问：

> 遂古之初，谁传道之？
>
> 上下未形，何由考之？
>
> 冥昭瞢闇，谁能极之？
>
> 冯翼唯象，何以识之？
>
> 明明暗暗，唯时何为？
>
> 阴阳三合，何本何化？
>
> 圜则九重，孰营度之？

　　这一系列的质问，不是无根据的，而是针对战国时代一些阴阳方术之士对自然现象的解释，但屈原的本意却在于探索自然的奥秘，寻究其本源并希望得到验证。春秋战国时期，我国已有关于天文现象的记录，从屈原所处的战国中、晚期直至秦汉时期，曾围绕"盖天说"与"浑天说"展开了论争。"盖天说"是古已有之的，不过到了战国时期又经过齐国稷下学宫的阴阳家的夸大和神仙家的附会，就形成更加完整、更加神秘的一套理论。而且，古代的学者又假托轩辕黄帝做盖天，颛顼做浑天。这除了说明"盖天说"居前，"浑天说"在后的区别外，也反映了古代在天文观念方面的两种派别之争。虽然二说互有异同，并且彼此攻击，但究其实质，都是唯心的、不合乎科学道理的。"盖天说"起初主张天是圆的，像一把张开的伞，地像方形的棋盘，天斜罩在地上，以北极星为轴心，和地的中心昆仑山相对，日月星辰就绕着北极星这个轴心运转；当然也同时绕着地的中心昆仑山而出没隐现，并由此划分昼夜。后来又改为天像一个斗笠，地像覆着的盘，天在上，地在下，日月星辰随着天盖转动。屈原在作品中对此提出疑问：

斡维焉系？天极焉加？

八柱何当？东南何亏？

　　系天的绳索拴在哪里？天的边际延伸到哪里？撑天的8根柱子定在什么地方？东南方为什么亏损？既然作为疑问提出来，即说明他对天极天中和地缺东南的说法不以为然。同样《庄子·天运》也提问说："天其运乎！……孰主张是？孰维纲是？……意者其有机缄而不得已邪？意者其运转而不能自止邪？"可见战国时代提出了如何对天体进行解释的新课题，与庄子意想中有人主宰天体的运行不同，屈原则抛开任何主宰而发出无法置辩的问难，这就是他思想上超过同时代人的地方。接着诗人又问道：

九天之际，安放安属？

隅隈多有，谁知其数？

天何所沓？十二焉分？

日月安属？列星安陈？

出自汤谷，次于蒙汜。

自明及晦，所行几里？

　　九天之间的边界各到何处？它们有什么连属？天

→屈原流放的地方——溆浦石碑

的弯曲角度有多少，谁能知道？天与地在什么地方接合？12辰怎样划分？日月星辰都寄托在什么上面？太阳从汤谷到朦汜，一天经过多少路程？这些穷根究底的追问，可以证明阴阳家说法的不足信。他进而质问：

何阖而晦？何开而明？

角宿未旦，曜灵安藏？

……

四方之门，其谁从焉？

西北辟启，何气通焉？

日安不到，烛龙何照？

羲和之未扬，若华何光？

天上的门哪个关上就黑，哪个打开就亮？天门未开的时候，太阳藏在哪里？天的四周有门，谁从这里进出？这西北之门敞开，是什么气从此通过？太阳没有照不到的地方，为什么还需要烛龙来照？太阳还未出来，为什么苦木花能放光？这是责难"天倾西北，日月辰星移焉"的说法之不合理，与天象的变化不符。这些责问一方面反映了屈原对关于自然界传统看法的怀疑和批判，另一方面也充分表现了诗人渴望了解宇宙奥秘的心情和追求科学真理的态度。

屈原知识深广又博闻强志，对各种神话传说和历史资料知之甚详，但他富于独立思考、探索真理的精神。实际上，屈原在这些方面是对儒家的非议与指斥。例如有关鲧的功罪的传说，诗人毫不含糊地表达了他对鲧的同情与肯定。

鸱龟曳衔，鲧何听焉？

顺欲成功，帝何刑焉？

……

何由并投，而鲧疾修盈？

永遏在羽山，夫何三年不施？

……

纂就前绪，遂成考功。

何续初继业，而厥谋不同？

……

鲧何所营？禹何所成？

康回冯怒，地何故以东南倾？

——《天问》

　　巨大的旋龟成群地首尾衔接而爬行，鲧如何受其启发而修筑衔联之长堤，以防洪水？鲧很想顺应众人愿望而完成治水之事功，为何帝尧却刑罚于他？……为何他也像共工那样被投弃边荒而对他充满疾恨？将他长期幽禁在羽山之野，为何3年还不赦罪释放？……禹继承前人之事业，完成鲧未竟之功，为何说禹与鲧治水的方法不同？……鲧所经营的是什么事业？禹又成就了什么事功？……传说共工氏暴怒而力触不周山，为何大地就向东南倾陷？这些诗句已透露了屈原的思想倾向。按儒家旧说，一向将治水之功毕归于禹，而将共工与鲧贬为治水失败者和罪人。屈原却对此持怀疑与批判态度。他认为鲧被刑罚，非因治水不力，而是因为"婞直而亡身"，他又指出，共工氏完成了治水的大工程，他和以后的鲧都曾大力治水，他们的功绩都不能抹杀。大禹治水是在前人功业的基础上进行的，方法也没有什么根本不同，禹不过完成了鲧

的遗志，共工、鲧、禹都是治水有功的英杰。诗中又问道：

> 启代益作后，卒然离蠥。
>
> 何启唯忧，而能拘是达？
>
> 皆归𪃑鹬，而无害厥躬。
>
> 何后益作革，而禹播降？

夏启从伯益手中夺取政权，代益为王，却突然遭到有扈氏反叛之患。为何夏启遭到祸患而又能从挫折中取得胜利？禹与益都以谨敬为宗旨，一身均无劣迹恶行。为什么益的王位被启所取代，而禹的子姓却蕃衍昌盛？这些话说明夏部落破坏了原有的推选部落联盟首领的制度而代之以递传子孙的世袭制度。虽然禹已经由部落联盟首领变为君王，禹死后，启又代益为王，似已奠立世袭王权和世袭贵族制度的基础，已由原始社会孕育成为奴隶制国家的雏形。但氏族制度的维护者有扈氏部落却不服，对夏启的统治发动了武装叛乱，结果被启所讨灭。启将有扈氏部落的成员们罚为"牧竖"，从而确立了夏部落"家天下"的统治地位。由此可见，启对有扈氏的讨灭，对益的王位的夺取，都反映了一个新的历史进程的开始：氏族制度的消灭，阶级的出现，国家的诞生。这是历史发展的规律，是任何力量也阻挡不住的。作品还对周昭王、周穆王巡行的历史故事提出疑问：

昭侯成游，南土爰底。

厥利维何，逢彼白雉？

穆王巧梅，夫何为周流？

环理天下，夫何索求？

→西周穆王时期的铭文

昭王由车马士众随从南巡，到达荆楚之地。他所追求的是什么好处？难道仅是为了迎接楚人献的白羽山鸡吗？周穆王耽于驱策游猎，他为何周游四方？巡行天下各地，他究竟有何索求？周昭王时曾率军南征侵犯楚国，大大激怒了楚人，在昭王率众渡汉水时，楚人以胶船进昭王，至中流，胶溶船解，昭王及其随从均溺死，周军六师伤亡殆尽。由此可知诗人的责问是有所指和有用意的，他不但对"楚人献白雉"之说加以斥问，而且也反映了楚人和周王朝对抗中的一次重大胜利。至于周穆王之西行，也并非只像《左传》昭十二年所载："昔穆王欲肆其心，周行天下，将皆必有车辙马迹焉。"而是有其复杂的时代背景及重大的历史作用。周穆王时，曾西征犬戎，打通了大西北的道路，以利于周王朝与西北许多部落的信使往还。据《穆天子传》带有神话与小说色彩的叙述，穆王西行路线是从周京启程，渡河后，经过盘石，关隘、乐都、积石、春山、昆仑，又西行3000余里，至"西王母之邦"，再折而北行2000里，到达"西北大旷原"。依其方位，推知，这次远行一直走到中亚地区。去时行经天山南路，返回时行经天山北路，开辟了后来通西域的路线。周穆王在行进过程中曾与沿途各方部落的首领互赠各自的特产礼品，并进行经济、文化交流，对加强我国西北地区各族人民的关系以及和中亚地区各族人民的友谊起着历史性的作用。诗人对昭王、穆王出巡目的的诘词是发人深思的。

屈原知识广博，思维敏捷，批判地接受了南北文

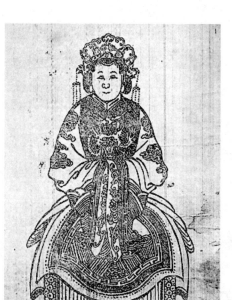

→屈氏族谱中屈原原配夫人的画像

化与时代思潮的影响，对自然界和社会历史，他要求认识其固有规律与本来面目，因而对旧的自然方面的观点和哲学、政治、历史、伦理、道德等传统观念提出大胆怀疑与尖锐批判。在新旧势力、新旧思想的斗争中，屈原常站在新兴的、进步的方面，表现了独立思考、追求真理的精神。

三、对美善的向往与追求

屈原所处的时代，是"溷浊不清""黑白颠倒"的时代，正如《卜居》中所说的那样："蝉翼为重，千钧为轻；黄钟毁弃，瓦釜雷鸣；谗人高涨，贤士无名。"环境现实如此恶劣，屈原却始终保持高洁的志节，从不同流合污。屈原在《离骚》开篇即说：

"纷吾既有此内美兮，又重之以修能。"我既有这么多内在的美好品质，又加上有优秀的才能。这里的"内美"是申明生辰的，屈原以自己奇特的生辰而自豪，认为是得天地之美质。王逸认为："言己之生，内含天地之美气。"朱熹认为："生得日月之良，是天赋我美质于内也。"可谓深得屈原本意。他在《九章·怀沙》中说：

内厚质正兮，大人所盛。
怀瑾握瑜兮，穷不知所示。
重仁袭义兮，谨厚以为丰。

又在《九章·抽思》中说：

善不由外来兮，名不可以虚作。

又《九章·惜往日》说：

心纯庞而不泄兮，遭谗人而嫉之。

又《离骚》说：

苟余情其信姱以练要兮，长顑颔亦何伤。
余以兰为可恃兮，羌无实而容长。
委厥美以从俗兮，苟得列乎众芳。

　　这里所谓的"内厚质正"，"瑾瑜""仁义""谨厚""纯庞""善""情""实"等，都指的是内在美的资质，即所谓的"内美"，屈原追求这种纯真的"内美"，即使长期形容枯槁也心甘情愿。

　　在作品中，屈原又运用形象的比兴手法来表现他对美善的向往与追求。

　　朝饮木兰之坠露兮，夕餐秋菊之落英。

　　……

　　折琼枝以为羞兮，精琼靡以为粻。

　　　　　　　　　　　　　——《离骚》

　　捣木兰以矫蕙兮，齍申椒以为粮。

　　播江离与滋菊兮，愿春日以为糗芳。

　　　　　　　　　　　　　——《惜诵》

　　登昆仑兮食玉英。

　　　　　　　　　　　　　——《涉江》

　　吸湛露之浮凉兮，漱凝霜之雰雰。

　　　　　　　　　　　　　——《悲回风》

　　清晨，我喝木兰花上凝集的露水；晚间，我吃刚开放的鲜嫩的菊花。折下玉树的枝叶来做菜肴，精选玉屑作为干粮。把木兰捣碎揉拌蕙草当作菜，把申椒舂碎做成干粮。播种香草江离培植美丽的菊花，把它当作春天的粮食。登上仙人住的昆仑山，吃着玉树开的花。饮清纯的露水，用凝霜漱口。在此诗人以清露、凝霜为饮料，以琼枝为菜肴，以玉屑、秋菊、江离、申椒为干粮。借对饮食芳洁之癖爱来反映自己品格的修养、嗜欲的超俗。

← 战国时秦国『半两』铜范

但是在屈原看来，只有这种内在美，并不是真正的美，还必须加之以外形美，即"修能"。屈原十分重视"修能"，在《离骚》中反复申述：

扈江离与辟芷兮，纫秋兰以为佩。

汩余若将不及兮，恐年岁之不吾与。

朝搴阰之木兰兮，夕揽洲之宿莽。

日月忽其不淹兮，春与秋其代序。

……

老冉冉其将至兮，恐修名之不立。

……

进不入以离尤兮，退将复修吾初服。

制芰荷以为衣兮，集芙蓉以为裳。

不吾知其亦已兮，苟余情其信芳。

高余冠之岌岌兮，长余?之陆离。

……

虽体解吾犹未变兮，岂余心之可惩！又在《九章·涉江》中说：

余幼好此奇服兮，年既老而不衰。

带长铗之陆离兮，冠切云之崔嵬。

以江离、辟芷、秋兰、长铗等异珍为佩饰，以芰荷、芙蓉为衣裳。借着服饰之奇珍来表现自己特立特行、不随世俗的志趣与情操。

驷玉虬以乘鹥兮，……

前望舒使先驱兮，后飞廉使奔属。

鸾皇为余先戒兮，雷师告余以未具。

……

为余驾飞龙兮，杂瑶象以为车。

......

驾八龙之蜿蜿兮，载云旗之委蛇。

......

——《离骚》

驾青虬兮参白螭，......

——《涉江》

铺叙了由虬龙驾车，凤凰为扈从，御月车之神先行开道，风神在后相随；乘的是以琼瑶、象牙嵌饰的大车，又树立着迎风飘扬的云霓之旌旗。借着车驾服御之高贵华美来表现自己人格的完美、志行的高亢。屈原在作品中反复叙写芳洁珍异之物，并不是单纯表示一种癖好，而是执着地表现了他高洁的志节、忠贞纯美的情操，借这些美善的事物，透出了他渴望美善并追求美善的心灵，也反映了他对理想的坚持和求索精神。

←屈原雕像

大禹治水的故事

禹为鲧之子，又名文命，字高密。相传生于西羌（今甘肃、宁夏、内蒙古南部一带），后随父迁徙于崇（今河南登封附近），尧时被封为夏伯，故又称夏禹或伯。是中国第一个王朝——夏朝的建立者，同时也是奴隶社会的创建者。

尧在位的时候，黄河流域发生了很大的水灾，庄稼被淹了，房子被毁了，老百姓只好往高处搬。尧召开部落联盟会议，商量治水的问题。他征求四方部落首领的意见：派谁去治理洪水呢？首领们都推荐鲧。

尧对鲧不大信任。首领们说："现在没有比鲧更强的人才啦，你试一下吧！"尧才勉强同意。鲧花了9年时间治水，没有把洪水制服。他就偷了天上的土叫息壤能自生自长，天帝知道了，大怒，命令火神将鲧处死，鲧临死前嘱咐儿子"一定要把水治好"。

禹改变了他父亲的做法，他带领群众凿开了

龙门，挖通了九条河，经过十年的努力，终于把洪水引到大海里去，地面上又可以供人种庄稼了。他和老百姓一起劳动，戴着箬帽，拿着锹子，带头挖土、挑土，禹常年脚长年泡在水里连脚跟都烂了，只能拄着棍子走。

禹到了30多岁还没结婚，在涂山（今浙江绍兴市西北）遇到一个名叫女娇的姑娘，两人相互十分爱慕，便成了亲。禹新婚仅仅四天，还来不及照顾妻子，便为了治水，到处奔波，三次经过自己的家门，都没有进去。第一次，妻子生了病，没进家去看望。第二次，妻子怀孕了，没进家去

看望。第三次，他妻子涂山氏生下了儿子启，婴儿正在哇哇地哭，禹在门外经过，听见哭声，也忍着真心没进去探望。

当时，黄河中游有一座大山，叫龙门山（在今陕西与山西交界处）。它堵塞了河水的去路，把河水挤得十分狭窄。奔腾东下的河水受到龙门山的阻挡，常常溢出河道，闹起水灾来。禹到了那里，观察好地形，带领人们开凿龙门，把这座大山凿开了一个大口子。这样，河水就畅通无阻了。

屈原对大禹治水提出的质疑，有一定的根据，也是借此抒发对自身遭遇的不平。

元代张渥绘屈原画像

屈原作品的艺术形式

> 几乎人人都可以像蜘蛛那样，从体内吐丝来结成自己的空中城堡——它开始工作时，只利用了树叶和树枝的几个尖端，竟使空中布满了美丽的迂回的路线。人也能够用同样稀少的几个尖端去黏住他灵魂的精细的蛛丝，而纺织出一幅空中的挂毡来。
>
> ——济慈

屈原作品丰富而深刻的思想内容，是通过"楚辞"这种特有的艺术形式完美地表现出来的，其形式与内容有机结合，相互统一。他在继承"楚歌"优秀传统的基础上，又接受了北方民歌、诸子散文等多种风格的影响，再充分发挥他超人的艺术才能与创造性，经过长期的政治斗争实践与艺术创作实践，将自己造就成为我国古代诗歌史上第一个富于个性的伟大爱国主义诗人，形成了空前完美的艺术风格，也创造了"楚辞"这崭新的、独树一帜的文学样式。

第一，超凡独创、优美新奇的想象

在艺术创作中想象发挥着非常积极的作用。感知、

→东湖行吟阁屈原雕像

情感、理解诸种心理因素，只有借助想象而达到客观化、对象化，才能真正实现其审美价值。所以黑格尔说："最杰出的艺术本领就是想象。"在中国诗歌发展

史上，屈原的崇高地位，是与其超凡独创自由的想象分不开的。对此，郭沫若评价说："作为诗人，屈原的想象力，在中国文学史上是独步的。"而刘大杰则评价说："屈原想象的丰富，是中国古典诗人中少有的。"屈原作品的想象是根植于现实而又高于现实的。自然物的日月星辰，风云雷电，传说中的虬龙凤凰，在屈原的笔端皆变化为具有思想、感情、性格的艺术形象，而且温顺地供他役使，为他效劳。如《离骚》中，在向重华陈词之后，诗人便幻想自己驾龙御凤乘风上天。他一早从苍梧出发，傍晚时来到了昆仑山上的县圃。他看到"日忽忽其将暮"，便命令太阳的御者羲和按辔徐行，不要迫近日落的地方崦嵫山。自己则继续上下求索。这时望舒（月御）、飞廉（风伯）前呼后拥，鸾皇、雷师奔走相随，飘风、云霓全来欢迎，以下便是叩阍求女的失败。这一段通过想象所创造的境界并非只是优美奇特，宏伟壮丽的，它反映了诗人在现实中的探索与追求，以及这种种努力的失败。因此在那诚心诚意的叩阍以及想方设法地求索中，都使人感到有一腔热烈的感情洋溢于字里行间。又如在《离骚》中，屈原想象自己去国远逝，他把幻想中的行程和仪仗描写得浩浩荡荡，有声有色：

邅吾道夫昆仑兮，路修远以周流。

扬云霓之晻蔼兮，鸣玉鸾之啾啾。

朝发轫于天津兮，夕余至乎西极。

凤凰翼其承旗兮，高翱翔之翼翼。

忽吾行此流沙兮，遵赤水而容与。

麾蛟龙使梁津兮，诏西皇使涉予。

路修远以多艰兮，腾众车使径待。

路不周以左转兮，指西海以为期。

屯余车其千乘兮，齐玉轪而并驰。

驾八龙之蜿蜿兮，载云旗之委蛇。

抑志而弭节兮，神离驰之邈邈。

奏九歌而舞韶兮，聊假日以偷乐。

　　这是神游天上的情景，正因为在想象中离开现实的楚国如此之远，因此当他望见故乡终于不忍离去时，我们就愈感到他的爱国主义感情的深厚。在《离骚》中，奔放的想象一浪高似一浪，壮丽奇特的形象层出不穷，把读者不断地引入新的天地，使读者的心情无法平静，胸襟也顿觉开阔，诗人丰富的想象力令人惊叹。

　　《九歌》中描写了众多的天神地祇，也显示了诗人丰富而奇特的想象力，他将那些神灵"人格化"了，赋予它们以人的思想，人的情感，人的音容笑貌。尤其是描写神与神，人与神之间的爱情纠葛、悲欢离合，更是生动优美，富于故事性和生活气息。在所写的神中，既有忠于爱情的"山鬼"，又有"举长矢射天狼"的"东君"。既有对爱情贞信专注，对美好生活热烈追求的配偶神——"湘君"与"湘夫人"；又有与人民生活、生产有密切关系的云神、河伯，以及传说中掌子嗣的女神等。这些由楚地巫歌加工而成的艺术作品，既带有原始的、朴素的民间祭神歌舞的印记，又具有诗人丰富生动的想象成分。它不仅以神拟人，而且以人拟神，驰骋想象，在人与神之间搭起了桥梁，神化和美化了现实生活，使作品产生了无穷的艺术魅力。

在屈原作品中，无比丰富的想象力，

←元代吴镇渔父图轴

是屈原极为突出的艺术才能，他将自己对自然界、社会现象、实际斗争中所得到的感受、印象、图景联系起来，集中概括，再创造为新的艺术境界、艺术形象。这种境界和形象由于饱和着诗人丰富的情思，自然会引起读者无数思索、无尽遐想和无限憧憬；屈原惊人的想象，增强了作品的感染力，扩大了作品的含量，超越了时空局囿，打破了对神鬼的迷信。屈原的艺术创造力和他的高尚理想、优秀品格是密不可分的，高远的思想境界是创造壮美的艺术境界的精神因素。

第二，吸收大量的神话传说

楚人原本就信仰宗教，到了屈原时代，已经成为民间的习俗，关于宗教的神话传说被保存下来，普遍流传着，而这一切，就恰好为爱好民间文艺的伟大诗人屈原所接受。况且，当时南北文化也开始交流，而屈原又是一个"博闻强志"的人，对于楚国以外的神话传说也很熟悉，兼收并蓄，用来丰富自己作品的内容，以之抒发自己的情感。因而，我们在屈原作品中可见到许多美丽的神话传说。

屈原作品中吸收神话传说最多的，是奇文《天问》，如女岐没有丈夫，为什么会生9个儿子？雨师怎么能够兴云雨？风伯怎么能够起风暴？雄虺9首，忽来忽去，究竟躲到什么地方去？说灵蛇能够吞象，究

竟有多大？帝叫夷羿为夏门除害，为什么要射瞎河伯，又把洛神作为自己的嫔妃？浇到他嫂子的房门口，有什么要求？少康为什么放狗去咬倒浇，砍下了他的头？简狄在台上，帝喾怎样和她交好？为什么她吞了鸟卵就生契？等等，这些优美的神话传说在屈原那里以疑问展现的。《离骚》里令羲和弭节，望舒先驱，凤鸟飞腾，丰隆乘云，求宓妃之所在，见有娀之姝女，等等，也是从神话传说中吸取题材。

此外，诗人在《招魂》中也引用了一些神话传说，描写天地四方的险恶：东方大荒之中，有千仞巨人，专门觅食人的灵魂；又有10个太阳同时出现，将金属和山石都化为浆液。南方边荒有染黑牙齿、刺面文身的野人，取用人肉，祭祀鬼神；又有成群的蝮蛇和大狐出没各地；大毒蛇一身九首，吞人以补其心。西方有暴风和千里流沙、以及吞没人命的雷渊。……九重天门有虎豹把守，专吃上天的人；又有九头巨人，一日拔树九千，常将人倒悬嬉戏，并投入深渊。阴曹地府的土伯有老虎样的巨首，有尖锐突兀的犄角，又长着3只怪眼，最爱吃人肉。总之，天地四方都是凶险可怖的，对比之下，只有楚国故都才是最美好，最安乐的地方。于是便招呼怀王之魂速速回来。

屈原在这些美丽的神话传说中吸取丰富的养料，

路漫漫其修远兮，吾将上下而求索

——屈原

通过自己奔放不羁的想象把它们组织在一起，构成了层出不穷的生动情节和美丽画面。所以，屈原运用神话传说的素材而又不受它的拘束，相反，诗人使它们服从于新的主题，成为结构完整的艺术作品。

第三，语言运用的特点

屈原作品在语言方面的特点，首先表现在大量采用楚地的方言上。方言就是楚国当时的口语。如作品中反复使用的语词"兮""些"就是当时的口语。除此以外，如兰、蕙、芷、江离、宿莽、九嶷、灵修、申椒等等，这些语词，都具有浓郁的地方色彩和鲜活的生活气息，因而更具表现力。其次表现在开创新体，对原有的四言格式的突破。我国古代诗歌的句式，最初定型的，是以《诗经》的《雅》《颂》为代表的四言体，但《雅》《颂》的语言，是经过文人加工的"台阁体"的书面语言，它呆板而又深奥，和人民的口头语言存在很大距离，有的则完全脱离了口语。而且，《诗经》的篇制多半不长，直到屈原出现，他的作品才打破《诗经》的四言诗格调，而代之以接近人民口语的，具有楚声形式的，长短不拘，灵活自由的新句式、新格调。这是古代诗体的大创新，大突破。如《离骚》《九章》多为六字、七字句，也间有四字、五字、八字句。《九歌》则以六字句为主，杂以四字、五字、七字句。这种长短相间，参差错落的句式，比起僵化、凝固的四字句式要灵活得多。它的长短变化是和作品思想感情的起伏变化相协调、相适应的。这流畅、生动、通俗、变化多端的语句，更富于艺术表现力，更能增强其艺术效果，使读者喜闻乐见。再次，屈原作品十分生动而圆熟地运用了大量的双声、叠韵词语和叠字。双声词语，如：零落、驰骋、犹豫、容与、参差、黄昏等等。叠韵词语，如：贪婪、逍遥、从容、薜荔、婵媛等等。叠字，如：冉冉、浪浪、申申、忽忽、皎皎、容容等等。语言的这种特点，大大增强了诗的韵律感、节奏感，使读者读起来朗朗上口，它能给人以音乐般的感染和潮水般的激荡，使读者心灵中激起情感的浪花，而且是有节拍地、步步高涨地回荡着，这不仅表现了屈原高超的艺术技巧，同时也反映了语言由简到繁的发展轨迹。

第四，比喻手法的创造性运用

比喻手法早在《诗经》中就已广泛地运用。在屈原作品中这种手法不仅得到继承，而且得到进一步发展。如，屈原在作品中常以撷采芳物比及时自修：

朝搴阰之木兰兮，夕揽洲之宿莽。

以饮食芳洁比人格高尚：

朝饮木兰之坠露兮，夕餐秋菊之落英。

→ 宋元时期的九歌图

以服饰精美比志行芳洁：

制芰荷以为衣兮，集芙蓉以为裳。

不吾知其亦已兮，苟余情其信芳。

高余冠之岌岌兮，长余佩之陆离。

芳与泽其杂糅兮，唯昭质其犹未亏。

以栽培香草比延揽人才：

余既滋兰之九畹兮，又树蕙之百亩。

畦留夷与揭车兮，杂杜衡与芳芷。

冀枝叶之峻茂兮，愿俟时乎吾将刈。

以众芳芜秽比好人变坏：

兰芷变而不芳兮，荃蕙化而为茅。

何昔日之芳草兮，今直为此萧艾也。

以善鸟恶禽比忠奸异类：

吾令鸩为媒兮，鸩告余以不好。

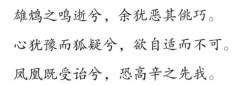

雄鸠之鸣逝兮，余犹恶其佻巧。

心犹豫而狐疑兮，欲自适而不可。

凤凰既受诒兮，恐高辛之先我。

以车马驾驶比用贤为治：

乘骐骥以驰骋兮，来，吾导夫先路！

以路径正邪比为政之道：

彼尧舜之耿介兮，既遵道而得路。

何桀纣之猖披兮，夫唯捷径以窘步。

→屈原涉江铜像

以车马迷途比惆怅失志：

悔相道之不察兮，延伫乎吾将反，
四朕车以复路兮，及行迷之未远。

以规矩绳墨比法度纪纲：

固时俗之工巧兮，偭规矩而改错。
背绳墨以追曲兮，竞周容以为度。

　　　　　　　　——以上均见《离骚》

　　用比喻的手法来反映现实矛盾，抒发内心感情，从效果上说，可以避免直率浅露，达到婉转而深入的目的。所以屈原有的作品，如《离骚》和《九章》政治性很强，但在这类诗中却没有概念化的词句口号，因为诗人善于将各种对立的事物表现在美与丑的不同事物中，使人通过具体的形象产生感情上的爱憎，因而受到教育和感染。而从比喻手法运用的广度以及表情达意的鲜明程度来说，屈原的作品比之《诗经》有了更大的发展。

楚辞

楚辞，其本义是指楚地的歌辞，后来逐渐固定为两种含义：一是诗歌的体裁，一是诗歌总集的名称（在一定程度上也代表了楚国文学）。楚辞的创作手法是浪漫主义的，它感情奔放，想象奇特，且具有浓郁的楚国地方特色和神话色彩。与《诗经》古朴的四言体诗相比，楚辞的句式较活泼，句中有时使用楚国方言，在节奏和韵律上独具特色，更适合表现丰富复杂的思想感情。

→明代万历年间楚辞书影

从诗歌体裁来说，它是战国后期以屈原为代表的诗人，在楚国民歌基础上开创的一种新诗体。从总集名称来说，它是西汉刘向在前人基础上辑录的一部"楚辞"体的诗歌总集，收入战国楚人屈原、宋玉的作品以及汉代贾谊、淮南小山、严忌、东方朔、王褒、刘向诸人的仿骚作品。"楚辞"之名首见于《史记·酷吏列传》。可见至迟在汉代前期已有这一名称。其本义，当是泛指楚地的歌辞，以后才成为专称，指以战国时楚国屈原的创作为代表的新诗体。这种诗体具有浓厚的地域文化色彩，如宋人黄伯恩所说，"皆书楚语，作楚声，纪楚地，名楚物"（《东观余论》）。西汉末，刘向辑录屈原、宋玉的作品，及汉代人模仿这种诗体的作品，书名即题作《楚辞》。这是《诗经》以后，我国古代又一部具有深远影响的诗歌总集。另外，由于屈原的《离骚》是楚辞的代表作，所以楚辞又被称为"骚"或"骚体"。汉代人还普遍把楚辞称为"赋"。《史记》中已说屈原"作《怀沙》之赋"《汉书·艺文志》中也列有"屈原赋""宋玉赋"等名目。

在汉代，楚辞也被称为辞或辞赋。西汉末年，刘向将屈原、宋玉的作品以及汉代淮南小山、东方朔、王褒、刘向等人承袭模仿屈原、宋玉的作品共16篇辑录成集，定名为《楚辞》。楚辞遂又成为诗歌总集的名称。由于屈原的《离骚》是《楚辞》的代表作，故楚辞又称为骚或骚体。

屈原精神与日月争辉

> 人生最美好的，就是在你停止生存时，还能以你所创造的一切为人民服务。
>
> ——奥斯特洛夫斯基

屈原是伟大的，他的伟大表现在他高洁的人格和辉煌的艺术成就上。他作为一个为黑暗时代所埋葬的伟大悲剧人物，在许多时代人们的心目中，都似乎成了某种精神道德的体现者或楷模，高高屹立在苍黄翻覆的历史烟云之上，俯视着万代千秋。而他那一篇篇回肠荡气，冠绝千古的诗篇也给后世文学以巨大而深远的影响。故而刘安在《离骚传叙》中评价

→屈原纪念邮票

道："其文约，其辞微，其志洁，其行廉，其称文小而其指极大，举类迩而见义远。……推此志也，虽与日月争光可也。"

屈原精神曾感动了西汉辞赋家贾谊。贾谊在被贬为长沙王太傅时，曾怀着崇敬的心情，亲自到汨罗江去悼念屈原，并做了《吊屈原》赋，为屈原鸣不平，同时也抒发了自己生不逢时的愤懑和感慨。

散文家司马迁在不幸的遭遇中，也曾为屈原精神感动，"未尝不垂涕，想见其为人"，从而怀着悲伤的心情，写了屈原传记，而且在屈原放逐，乃赋《离骚》的精神激励下，坚持完成了伟大著述《史记》的写作。鲁迅先生称赞它是"史家之绝唱，无韵之《离骚》"。

唐代著名大诗人李白，豪放不羁，蔑视权贵，连天子也不放在眼里，独对屈原佩服之至。他曾在《江上吟》中说："屈平辞赋悬日月，楚王台榭空山丘。"他如此推崇屈原，绝非偶然。至于唐代与李白并驾齐驱的另一位诗人杜甫，更是继承并发扬屈原优秀传统的典型，他对屈原是极为景仰称颂的。他在《最能行》中说："若道土无英俊才，何得山有屈原宅？"他又在《戏为六绝句》中说："不薄今人爱古人，清词丽句必为邻。窃攀屈宋宜方驾，恐与齐梁作后尘。"杜甫渴望达到屈原那样高的思想境界。杜甫这种忧国忧民，揭露当时政治黑暗，上称尧舜，下及美人迟暮的感情，和屈原的精神是一脉相承的。

清代戏剧家尤侗，曾做过《读离骚》杂剧一本。这本杂剧的全部情节都是根据屈原和与屈原有关的作品写成的。杂剧的第一折采自《天问》《卜居》，第二折采自《九歌》，第三折采自《渔父》，第四折采自《招魂》《神女》《高唐》三篇赋。杂剧的主题是吊屈原，是在屈原精神的感召下来抒发自己一生坎坷不遇之情。

清代小说家蒲松龄侈谈鬼怪花妖，很受屈原的影响。他在《自志》中说："被萝带荔，三闾氏感而为骚。牛鬼蛇神，长爪郎吟而成癖。自鸣天籁，不择好音，有由然矣。"很明显，他是学习屈原和李贺的创作精神而写作的。在他的作品中，不但是那些抒发自己

→ 屈原颂

坚贞、廉洁、有志不得伸的胸怀很像屈原，而且那些对幽深境界的描写，也类似屈原。

屈原作品的艺术形式，直接影响了楚地一些创作"楚辞"的继承者、模拟者，如楚国的宋玉等人。属于宋玉的作品比较可信的是《九辩》。虽然在形式上明显地有模拟甚至抄袭的痕迹，但又在学习屈原的基础上有所创新，不失为"楚辞"之上品。从内容来说，作品抒发了诗人怀才不遇，受谗害打击，身遭贬斥，穷愁潦倒的感慨；揭露了楚国贵族统治集团的黑暗腐朽，谗人的奸巧险恶，蔽君误国；表白了自己的政治主张和为人处世的态度，将忧国忧民的思想情感和身世之慨叹互相交织。在形式方面，作品有一定的创造性。它集中概括地描写了环境、气氛，借景抒情，情景交融，以凄清萧瑟的秋声秋色映衬贫士失职的愤懑、游子羁旅孤独的怅惘和离人送别的愁绪，有浓重的抒情气氛。作品也长于排比铺陈，精细刻画，构成深远的意境。句法参差错落，变化自由，而且语气词"兮"字的位置也灵活变换；音韵和谐，富于节奏感；双声叠韵字与叠字很多，增强了作品的音乐美。宋玉的艺术造诣的确很深，所以，文学史家多以屈、宋并称。

宋玉之后，是三国时代的曹植，他作了一篇《洛神赋》，通过对爱情追求的绝望，抒发作者追求理想失败以后的人生悲哀。曹植以后的陶渊明，他写了一篇《闲情赋》，不但在情调上和屈原的作品相似，而且在修辞上也承袭了屈原的许多成分。

此外，屈原作品对后世的诗、词、传奇、散文、戏曲等方面，也有不同程度的影响。如张衡的《四愁诗》、曹植的《美女篇》、阮籍的《咏怀》、左思的《咏史》、陶渊明的《感遇诗》、李白的《古风》《蜀道难》、杜甫的《三吏》《三别》《自京赴奉先县咏怀》《北征》……以及苏轼、辛弃疾等人的词，都有一定的人民性与现实主义精神。另外，屈原的表现手法，也影响到小说的创作。清代曹雪芹在《红楼梦》中创作了一篇《芙蓉诔》，这篇诔全文用骚体。不仅如此，《红楼梦》中塑造了许多美女性格，作者认为"凡山川日月之精秀，

→粽子

← 远眺屈原祠

只钟于女子。"通过这些女子的描写，抒发了作者对理想的探索、追求、希望和失望的心情，整部《红楼梦》都闪烁着屈原的创作精神。

屈原的人格精神和其文学成就给后世文学的影响是深远的，他为我们民族留下的文学遗产，具有无限的生命力，超越了时间和空间的限制，成为世界文学宝库中永放异彩的瑰宝。历史一去不复返了，但屈原的精神却千古不朽！屈原高洁的人格，将荡涤污浊，永远放射出灿烂的光芒。